AF872580

Beate M. Weingardt

Das verzeih' ich dir nie!

Kränkungen überwinden, Beziehungen erneuern

SCM
R.Brockhaus

SCM

Stiftung Christliche Medien

SCM ist ein Imprint der SCM Verlagsgruppe, die zur Stiftung Christliche Medien gehört, einer gemeinnützigen Stiftung, die sich für die Förderung und Verbreitung christlicher Bücher, Zeitschriften, Filme und Musik einsetzt.

Meinen Eltern in Dankbarkeit gewidmet

MIX
Papier | Fördert gute Waldnutzung
FSC® C083411

10. Auflage 2024, 16. Gesamtauflage

© 2006 SCM Verlagsgruppe GmbH
Max-Eyth-Straße 41 · 71088 Holzgerlingen
Internet: www.scm-verlagsgruppe.de; E-Mail: info©scm-verlagsgruppe.de
Umschlaggestaltung: Dietmar Reichert, Dormagen
Umschlagfoto: Dietmar Reichert, Dormagen
Satz: Breklumer Print-Service, Breklum
Druck und Bindung: CPI books GmbH, Leck
Gedruckt in Deutschland
ISBN 978-3-417-26926-0
Bestell-Nr. 226.926

INHALT

VORWORT ZUR 16. AUFLAGE

Die Frau am Telefon klingt aufgewühlt: »Ich habe Ihr Buch über Vergebung gelesen und will auch vergeben. Aber so schnell geht es einfach nicht, und nun setzt mich mein Partner unter Druck!« Ich spüre ihre Not, denn Vergebung kann man anstreben, aber nicht übers Knie brechen. Und doch ist sie eine Chance, die jedem offensteht.

Seit der ersten Auflage dieses Buches habe ich unzählige Vorträge, Seminare und Workshops zu diesem Thema gehalten und dabei hochinteressante Rückmeldungen bekommen, denn jedem Zuhörenden wird rasch klar: Ein Leben ohne Verletzungen gibt es nicht – und wäre auch nicht wünschenswert. Als ich einmal über gerade diesen Punkt sprach, meldete sich ein Zuhörer mit folgendem Kommentar: »Was Sie sagen, gilt auch in der Natur: Wir Landwirte ›striegeln‹ junge Pflanzen mit einer bestimmten Maschine. Dabei verletzen wir sie absichtlich, was dazu führt, dass sie vermehrt Blätter treiben, also mit intensiverem Wachstum reagieren!« –

Damit sollen die Folgen seelischer Verletzungen nicht verharmlost werden. Im Gegenteil. Wir leben in einer Gesellschaft, in der nicht nur Erwachsene, sondern schon Kinder und Jugendliche viele Formen von Kränkung und Beschämung erfahren – durch Nichtbeachtung, Ausgrenzung, Abwertung, aber auch überfordernde Leistungserwartungen. Nicht allein die sozialen Medien mit ihren Möglichkeiten des ständigen Vergleichens und Beurteilens sind daran schuld. Es dominiert auch eine Haltung, die den Wert des Menschen auf seine Leistung und Fitness, eventuell noch seine Kaufkraft, reduziert. Wer nicht »mithalten« kann, fühlt sich oft schnell in seinem Selbstwertgefühl erschüttert, womöglich beschädigt.

Es ist deshalb erfreulich, dass mein Buch, das sich dem Umgang mit Verletzungen widmet, für viele Menschen zu einem Wegweiser, vielleicht auch Meilenstein ihrer eigenen persönlichen Entwicklung geworden ist. Wichtig ist, zu erkennen: Nicht am Verhalten des »Verletzers«, sondern an *unserem Umgang* mit dem, was uns im Lauf des Lebens zugemutet wird, entscheidet sich unsere Lebensqualität! – Dies zu verstehen und bewusste Reifungsprozesse zu durchlaufen, um an Erlebtem nicht zu zerbrechen, sondern zu reifen, ist eine lebenslange Herausforderung. Es freut mich, wenn ich dazu nach wie vor einen Beitrag leisten kann.

EINLEITUNG

Geh eine Meile, um einen Freund zu sehen,
zwei Meilen, um einen Kranken zu besuchen,
drei Meilen, um Frieden zwischen zwei Menschen zu stiften.
Arabisches Sprichwort

Zu meiner Tätigkeit als angehende Pfarrerin in einem großen schwäbischen Dorf gehörte es, alte Menschen zu besuchen, wenn sie Geburtstag hatten. Da am Geburtstag selbst meist viele Freunde, Nachbarn und Verwandte versammelt waren und sich deswegen keine Möglichkeit zum Gespräch mit der Jubilarin oder dem Jubilar bot, gewöhnte ich es mir an, an einem anderen Tag vorbeizukommen. Das Geburtstagskind hatte auf diese Weise mehr von meinem Besuch, und ich bekam tieferen Einblick in die Persönlichkeit dieser alten Menschen. Die meisten von ihnen erzählten mir bereitwillig aus ihrem langen Leben, und bei vielen kamen neben aufregenden Erlebnissen und Höhepunkten auch manche tiefen Enttäuschungen und Verletzungen zur Sprache.

Was mich sehr betroffen machte, war die Tatsache, dass solche Wunden – egal, aus welcher Lebensphase sie stammen – offenbar nicht von selbst heilten. »Die Zeit heilt alle Wunden« – nein, dieses Sprichwort konnte ich nicht bestätigen. Die Zeit hilft, dass Wunden vernarben – doch sie können auch jederzeit wieder aufbrechen, wenn keine echte Heilung stattfindet. Und wer schon einmal die hässlichen und oft schmerzhaften Narben gesehen hat, die bei unbehandelten Verletzungen am menschlichen Körper zurückbleiben, und sie dann vergleicht mit den feinen, oft kaum mehr sichtbaren Narben, die eine sauber und sorgfältig durchgeführte Operation hinterlässt, der muss feststellen: Es liegen Welten dazwischen. Die Zeit allein heilt nicht – es ist der Mensch, der in der Zeit etwas dafür tun muss, dass Heilung geschehen kann.

»Wissen Sie, ich hab's als Kind nicht schön gehabt«, erzählte mir eine Frau, die ich zu ihrem 85. Geburtstag besuchte. »Meine Mutter ist früh gestorben, mein Vater hat wieder geheiratet und mit der neuen Frau auch ein Kind bekommen. Sie hat dieses Kind geliebt – und mich nicht. Und das hat sie mich unablässig spüren lassen. Eines Tages – das werde ich nie vergessen – zog sie ihr eigenes Kind zärtlich an sich heran und sagte zu mir, die ich etwas abseits stand: ›Das ist meines, und du bist nicht meines!‹ Das war so schrecklich für mich.« – Während die alte Dame mir diese Szene schilderte, sah ich Tränen in ihren Augen. Die Zeit heilt alle Wunden? Nein, nichts hatte sie geheilt – diese Frau war ihr Leben lang mit einer inneren Wunde belastet gewesen, die schmerzte und offenbar nie wirklich heilen konnte.

Immer mehr, je häufiger ich im Zuge meiner Arbeit als Pfarrerin und Psychologin die Lebensgeschichten alter und junger Menschen anhörte, erkannte ich: Verletzt werden gehört zum Leben – vergeben lernen nicht. Es ist wie in der medizinischen Heilkunst: Die Krankheiten und Beschädigungen des menschlichen Körpers sowie der Seele kommen häufig von selbst, das bringen die Natur und das Leben mit all seinen Gefährdungen und Gefahren mit sich. Doch die Kunst, sie zu behandeln und, wenn möglich, zu heilen, muss sorgfältig und gründlich erlernt werden. Das Gleiche gilt auch für die Beschädigungen und Kränkungen unserer Seele. Sie sind offenbar unvermeidlich – doch sie müssen behandelt werden. Man kann sie nicht einfach »stehen lassen« oder gar, noch illusorischer, »wegstecken« – wohin denn auch? Doch wo und wie erlernen wir die Kunst, mit Kränkungen so umzugehen, dass wir mit ihnen im doppelten Sinn des Wortes »fertig werden« und sie uns nicht »fertig machen«?

»Das bringen Alter und Lebenserfahrung doch mit sich«, mag mancher denken. Auch ich habe es gedacht und gehofft. Doch meine Erfahrung zeigt: Dem ist nicht so. Wir werden älter – doch wir werden nicht dickfelliger. Wir werden älter – doch wir werden nicht automatisch gütiger, nachsichtiger und vergebungsbereiter. Es fällt uns auch nicht leichter, zu vergeben, nur weil wir schon eine Menge an Enttäuschungen und Kränkungen hinter uns haben und eigentlich geübt sein sollten. Es fällt uns nicht leichter zu vergeben, nur weil die Kränkung schon viele Jahre zurückliegt. Im Gegenteil: Alle unsere bitteren Erfahrungen sammeln sich in unserer Seele an wie Gifte in unserem Körper. Sie verschwinden nicht einfach, sie werden nicht still und leise ausgeschieden, sondern sie setzen sich irgendwo in unserem Inneren ab und entfalten unbemerkt und unauffällig ihre stille, doch um so nachhaltigere Wirkung – das ist das Gefährliche und Tückische daran. Und eines Tages kommt der Tag – der letzte Tag.

Wir müssen – oder wollen – sterben. »Herr, nun lässt du deinen Diener in Frieden fahren«, sagt der blinde Simeon, nachdem er das Jesuskind im Tempel mit den Augen der Seele geschaut hat (Lukas 2,29). »In Frieden heimgehen« – das wollen wir wohl alle. In Frieden mit uns selbst, mit unseren Mitmenschen, wenn möglich auch mit Gott. Doch wie soll das möglich sein, wenn so vieles in unserer Seele friedlos und unversöhnt ist?

Dazu eine Erfahrung, die mich sehr tief berührte: »Ich bin verwitwet und habe zwei Töchter«, erzählte mir der 88-jährige Herr Stiller[1], den ich besuchte. Er war pflegebedürftig und saß im Rollstuhl. »Eine Tochter wohnt bei mir im Haus und versorgt mich, die andere wohnt auch hier im Dorf, doch ich habe keinen Kontakt mehr zu ihr.« – »Warum denn nicht?«, wollte ich wissen. Er begann zu weinen: »Was die zu ihrem Vater gesagt hat, das sagt man nicht!«, schluchzte er. Ich begriff: Sie musste ihn schwer verletzt haben. Den Inhalt ihrer Äußerung wollte er nicht preisgeben, doch die Tränen rannen ihm über sein Gesicht, das sagte genug. Nach einigem Hin und Her kam ich zur Sache: »Herr Stiller, stellen Sie sich vor, Sie sterben in nächster Zeit – dann muss ich womöglich an Ihrem Grab sagen: ›Er starb unversöhnt mit seiner Tochter!‹ Das will ich doch nicht!« – »Und das sagen Sie auch nicht«, entgegnete er bestimmt. »Sie predigen über den Bibelvers, den ich anlässlich meiner Konfirmation bekommen habe. Ich habe ihn schon aufgeschlagen!«

Tatsächlich, da lag eine aufgeschlagene Bibel. Er zeigte mir die Stelle und ich las: »Der Herr ist mein Fels und meine Burg und ist

[1] Der Name wurde geändert.

mein Heil« – der Beginn eines Psalms. Ich blieb beharrlich: »Das, was da steht, Herr Stiller, das können Sie nicht sagen, das kann nicht sein! Sie können ja noch nicht einmal das Vaterunser zu Ende sprechen!« Er sah mich erschrocken und fragend zugleich an: »Warum nicht?« – »Weil Sie zwar noch beten können ›... und vergib uns unsere Schuld‹, aber nicht ›... wie auch wir vergeben unseren Schuldigern‹. Das tun Sie ja nicht! Sie verzeihen Ihrer Tochter nicht!« – Er begann wieder zu weinen. Wie ein Häufchen Elend saß er da, und schließlich schlug ich ihm vor: »Wissen Sie was, ich gehe morgen zu Ihrer Tochter und rede mit ihr, sie möge sich bei Ihnen entschuldigen, dann ist die Sache bereinigt!« – Herrn Stillers Gesichtszüge wurden starr, fast böse: »Die braucht gar nicht zu kommen!«, stieß er hervor. Da merkte ich: Seine Tränen galten nicht nur der verlorenen Tochter, seine Tränen galten ebenso ihm selbst – es waren auch Tränen des Selbstmitleids.

Dennoch tat er mir Leid, und ich verabschiedete mich mit der Ankündigung, mit seiner Tochter Anne zu reden. Inzwischen war die im Haus wohnende Tochter Brigitte[2] dazugekommen, und sie bestärkte mich in meinem Vorhaben. Ich besuchte die »verstoßene« Tochter, und sie gestand mir freimütig, ihrem Vater im Zorn in der Tat etwas sehr Hässliches gesagt zu haben. Doch ihr Versuch, sich bei ihm zu entschuldigen, sei gescheitert – ihr Vater hätte sie nicht einmal ins Haus gelassen. Ich sagte: »Wären Sie bereit, noch einen Versuch zu wagen? Wir wissen nicht, wie lange Ihr Vater noch lebt, und ich biete Ihnen an, Sie zu begleiten. Uns beide wird er wohl nicht vor der Tür stehen lassen!« – Sie erklärte sich einverstanden.

Doch in der Folgezeit geschah etwas, was mir im Rückblick unerklärlich ist: Ich schob den gemeinsamen Gang zum Vater auf die lange Bank – und schließlich vergaß ich das Vorhaben sogar. Seither kann ich ein Sprichwort nicht vergessen, das ich einmal gelesen habe: »Die lange Bank ist des Teufels liebstes Möbelstück!« Wochen und Monate vergingen, ich zog aus dem Dorf weg in eine nahe gelegene Stadt. Eines Tages fiel mir der alte Mann wieder ein, als

[2] Beide Namen wurden geändert.

ich auf der Suche nach einem Thema für eine Rundfunkandacht war. Sofort beschloss ich: Diese Sache musst du noch zu Ende bringen! Ich fuhr in das Dorf, klingelte an der Tür des alten Mannes, eine fremde Frau öffnete mir und sagte auf meine Nachfrage: »Sie kommen zu spät. Herr Stiller ist vor einigen Wochen gestorben.« Ich erstarrte förmlich vor Schreck, doch dann kam Brigitte, die im Haus wohnende Tochter des Vaters, dazu und bat mich herein.

Sie erzählte mir, dass ihre Schwester Anne einige Zeit nach meinem Besuch bei ihrem Vater schwer an Brustkrebs erkrankt sei; eine Operation stand bevor. Sie teilte dies ihrem Vater mit, der immer noch keinen Kontakt mit Anne hatte, und sagte ihm, dass niemand wisse, wie die Operation ausgehen würde. Außerdem wies sie ihn warnend darauf hin, dass ihre Mutter – seine Ehefrau – ebenfalls an Brustkrebs erkrankt und gestorben sei. »Willst du dich nicht vor der Operation mit Anne versöhnen?«, fragte Brigitte und bekräftigte den Vorschlag mit den Worten: »Die Frau Pfarrer hat doch auch gesagt, dass es gut wäre!« Und siehe da, das Wunder geschah: Der alte Mann willigte ein. Hatten meine Worte in ihm doch »weitergearbeitet«, hatte ihn die Erinnerung an seine Frau weich gemacht? Auf jeden Fall gab es eine tränenreiche Versöhnung zwischen Vater und Tochter. Sie überstand die Operation und erholte sich gut – doch der Vater starb wenige Wochen später.

Als Brigitte ihre Erzählung beendet hatte, fiel mir ein Stein vom Herzen. Wie schuldig hätte ich mich gefühlt, wenn er gestorben wäre, ohne sich vorher zu versöhnen, dachte ich. Andererseits: Vielleicht konnte er ja nur dann und nur deswegen »in Frieden heimgehen«, weil er zuvor Frieden geschlossen hatte, ging es mir durch den Kopf. Würde er vielleicht immer noch leben und müsste als schwerer Pflegefall rund um die Uhr betreut werden, wenn er nicht diese letzte Hürde der Versöhnung doch noch genommen hätte? Der Ausspruch einer Krankenhauspfarrerin kam mir plötzlich in den Sinn, die ich Jahre zuvor zu Beginn meiner Pfarrausbildung einmal gefragt hatte, welche Menschen ihrer Erfahrung nach schwer sterben. Sie hatte mir damals wie aus der Pistole geschossen geantwortet: »Wer Unerledigtes vor sich hergeschoben hat – der stirbt schwer.«

Etwas Unerledigtes – damit sind nicht Aufgaben gemeint wie Frühjahrsputz oder Äpfel ernten. Dabei handelt es sich in aller Regel um Aufgaben der Versöhnung, der Vergebung, der Aussprache und der Bitte um Entschuldigung. In einem Gedicht von Friedrich Hölderlin heißt es: »Die Seele, der im Leben ihr göttlich' Recht nicht ward, sie ruht auch drunten im Orkus nicht.« Mit anderen Worten: Die friedlose Seele bleibt auch im Sterben unruhig und unerlöst. Wie oft habe ich in der Folgezeit, als ich Pfarrerin in einem Alten- und Pflegeheim war, an den friedvollen Tod von Herrn Stiller gedacht und mir gewünscht, es möge immer solch ein Happy End geben. Doch wie oft musste ich zu der harten Erkenntnis kommen, dass es auch ein »zu spät« gibt. Zurück bleiben oft genug unzufriedene, man könnte auch sagen friedlose Angehörige: Ehepartner, Geschwister, Kinder. Auch sie hatten keine Chance mehr, ihr Verhältnis zum Verstorbenen noch rechtzeitig in Ordnung zu bringen. Übrigens: Das hebräische Wort für Ordnung ist das gleiche Wort wie für »Ganzsein, Frieden«: Schalom. Was in Ordnung ist, ist heil, ist nicht zerteilt und nicht zerrissen: Es ist so, wie es sein sollte, nämlich »im Frieden«.

Die vielen Erfahrungen, Gespräche und Eindrücke dieser Jahre haben mich darin bestärkt, dem Thema Vergebung meine ganze Aufmerksamkeit und eine intensive Forschungstätigkeit zu widmen. Das ist der eine Grund, weshalb ich dieses Buch schreibe: Ich will, dass wir alle, Sie und ich, nicht nur versöhnt und in Frieden *leben*, sondern auch einmal in Frieden *sterben* können – in Frieden mit uns selbst, mit unseren Nächsten und mit Gott.

Ein weiterer Grund kommt aus einer anderen Richtung: Ein bekannter Psychologieprofessor schrieb in den 90er Jahren einen Artikel mit dem Titel »Verzeihen: Die doppelte Wohltat«[3]. Darin schilderte er, dass ihm in seiner jahrzehntelangen Tätigkeit als Psychotherapeut unzählige Male Menschen mit seelischen Verletzungen begegnet seien: Verletzungen, mit denen sie allein nicht fertig wur-

[3] Reinhard Tausch, Verzeihen: Die doppelte Wohltat, Psychologie heute, April 1993, S. 20–26.

den, Kränkungen, über die sie nicht hinwegkamen und die deshalb ihr ganzes Leben belasteten und beeinträchtigten. Ihm wurde klar: Vergebung ist eine Möglichkeit, diese seelischen Schmerzen zu vermindern.

Doch zu seinem großen Erstaunen suchte er sowohl in der psychologischen als auch in der psychotherapeutischen Fachliteratur vergeblich nach dem Stichwort »Vergebung«. Wie kann es sein, so fragte er, dass ein so zentrales Thema so wenig die Aufmerksamkeit der Forscher und Therapeuten auf sich zieht? Warum beschäftigen sie sich nicht damit?

Beim Lesen dieses Artikels musste ich dem Autor auf Anhieb Recht geben: Weder in meinem Theologie- noch in meinem Psychologiestudium war ich jemals mit dem Stichwort »Vergebung« konfrontiert worden, geschweige denn mit dem Thema. Die Problematik schien nicht zu existieren, wenn es um zwischenmenschliche Beziehungen ging – oder sie wurde in einem Nebensatz abgehandelt. Lediglich im Zusammenhang mit Gott fand Vergebung die Aufmerksamkeit der Theologen. Aber heißt es in dem Gebet, das Jesus seine Jünger gelehrt hat, nämlich im Vaterunser, nicht ausdrücklich: »... wie auch *wir* vergeben unseren Schuldigern«?

1 Was vergeben bedeutet

Das Leben wird vorwärts gelebt und rückwärts verstanden.
Sören Kierkegaard

Vergeben bedeutet verzichten

Vergeben besteht aus dem Verb »geben« und der Vorsilbe »ver-«. Die Vorsilbe »ver-« bedeutet in unserem Fall »weg-«, so wie im Wort »verschenken« oder »veräußern«. Wer etwas vergibt, gibt etwas her: einen Anspruch, den er gegenüber einem anderen Menschen hat oder zu haben glaubt. Einen Anspruch auf Sühne, auf Strafe, auf irgendeine Art von Wiedergutmachung des Unrechts, das der andere mir angetan hat. Wer vergibt, schenkt also dem anderen etwas. Wer vergibt, verzichtet auf etwas, das ihm eigentlich zustünde. Auch »verzeihen« bedeutet vom Wortsinn her ursprünglich: verzichten.

Vergeben bedeutet loslassen

Wer vergibt, lässt etwas los. Er lässt das schwere Paket los, das er mit sich trägt – Gefühle wie Hass, Bitterkeit, Wut, Groll, Enttäuschung. Wer dieses Paket nicht loslässt, muss es zwangsläufig tragen, nach-tragen: demjenigen, der uns Böses angetan hat. Wer nicht vergibt, ist also nachtragend – und muss dementsprechend schwer schleppen. »Am Nachtragen schleppen wir uns noch zu Tode«, sagte einmal eine erfahrene Seelsorgerin. Ob der, der die Kränkung zugefügt hat, an der Last seines Unrechts schwer trägt, ist oft nicht erkennbar. Wer aber gewiss schwer daran trägt, ist der gekränkte Mensch. Er meint vielleicht, den Verletzer damit zu strafen, dass er ihm nicht einfach vergibt – doch der eigentlich Gestrafte ist in erster Linie er selbst. Der Gekränkte weiß meist nicht, ob der andere etwas davon ahnt, wie tief er ihn verletzt hat, ob ihm bewusst ist, wie sehr er ihm grollt. Und-falls er es weiß-ob es ihn überhaupt belastet oder gar peinigt. Der Verletzte hat das in der Regel auch nicht in der Hand und kann es oft nicht wesentlich beeinflussen.

Der einzige Mensch, auf den wir wirklich Einfluss haben, sind wir selbst. Was mit dem anderen geschieht, können wir häufig gar nicht mehr in Erfahrung bringen. Sei es, dass man einander aus dem Weg geht, sei es, dass der Täter über alle Berge ist, wir keinen Kontakt mehr zu ihm haben, oder sei es, dass er sich nichts von seinen Gefühlen anmerken lässt – wie es in ihm aussieht, bleibt ein großes Rätsel für den, der gekränkt wurde. Seine Hoffnung, es durch Nachtragen dem Schädiger möglichst schwer zu machen, ihn womöglich zur Reue zu *zwingen*, lenkt deshalb vom eigentlichen Drama ab: dass er es auf jeden Fall *sich selbst* schwer macht. Denn er ist es schließlich, der die Last trägt. Der andere und sein Unrecht rutschen ihm eben nicht den Buckel hinunter, auf jeden Fall nicht von selbst. *Der Gekränkte* ist es, der loslassen muss.

Vergeben ist ein bewusster Akt

Mag sein, dass auch Folgendes gelegentlich vorkommt: Eines Tages stellen wir fest, dass alle Hass- und Grollgefühle verschwunden sind. Einfach so – ohne unser Zutun. Doch darauf zu hoffen wäre gefährlich, denn ein solches Wunder ereignet sich höchst selten. Und es ereignet sich schon gar nicht dann, wenn wir darauf spekulieren, weil wir uns auf diese Weise eigenes Nachdenken und eigene Arbeit ersparen wollen. Bequemlichkeit wird von Gott selten gefördert. »Herr, ich habe dich so inständig gebeten, dass ich im Lotto gewinne, und nun habe ich keinen Cent gewonnen«, jammert ein gläubiger Mensch. »Du musst mir schon eine Chance geben, dein Gebet zu erhören!«, antwortet Gott. »Wie denn?« – »Wie wär's, wenn du einen Losschein kaufen würdest?«[4]

[4] Aus: Anthony de Mello, Wer bringt das Pferd zum Fliegen? Freiburg 1989.

Vergebung geschieht selten ohne unser Zutun – und schon gar nicht, ohne dass wir es bewusst und entschieden wollen. Vergeben ist so etwas wie eine Entscheidung, das Steuer herumzureißen, den Blick wieder in eine andere Richtung zu lenken, den Kopf wieder freizubekommen und neue Ziele anzusteuern.

Vergebung ist das Ende eines langen Weges

Art und Tiefe der Verletzung entscheiden meist darüber, wie schnell wir den Weg zur Vergebung zurücklegen, ebenso der eigene Charakter, die persönlichen Vorerfahrungen und Prägungen. Mancher Mensch vergibt leichter, mancher tut sich sehr schwer damit. Es spielt auch eine große Rolle, wem wir vergeben, wie der Verletzer zu seinem Verhalten steht, wie unser Verhältnis zu dieser Person war und ist, wie viel sie uns bedeutet, welche Vorerfahrungen wir mit ihr haben und vieles mehr. Und dennoch: Auch wenn Vergebung von vielen Bedingungen und Faktoren abhängt, bleibt eines gleich: Sie lässt sich nicht übers Knie brechen. Wir können sie nicht im Hau-Ruck-Verfahren hinter uns bringen und schon gar nicht durch Druck erzwingen. Im Gegenteil: Vergebung ist wie das Ende einer langen Bergwanderung. Endlich stehen wir oben und können das Gepäck ablegen. Wir atmen tief ein. Der Blick ist wieder frei und kann ins Weite gehen. Endlich hat die Mühe ein Ende – wir haben den Gipfel erreicht und sehen, welch weiten Weg wir hinter uns gebracht haben. Ein Weg, der sich nicht abkürzen ließ und den kein anderer für uns gehen konnte. Ein Weg, den wir in unserem ganz persönlichen Tempo zurücklegten; den wir aber auch – hoffentlich – nicht allein gehen mussten. Und am Ende steht ein Ziel, das einfacher und bequemer nicht zu erreichen war. Doch es ist ein Ziel, das sich gelohnt hat, das den Schweiß und die Tränen, die Mühe und Anstrengung nicht vergeblich sein lassen.

Vergeben ist Befreiung

Wer verzeiht, löst sich aus negativer Verstrickung. So lange ich einem Menschen etwas nach-trage, muss ich ihm auch nach-gehen. Mit anderen Worten: Ich bleibe an ihn gebunden, ich komme von ihm nicht los. In meinen Gedanken verfolge ich ihn, laufe ihm hinterher. Die Verletzung, die er mir zugefügt hat, ist wie ein unsichtbares Band, das zwischen uns gespannt ist und uns nicht im Guten, sondern im Bösen ver-bindet. Wenn ich verzeihe, schneide ich dieses Band durch.[5] Ich löse mich in Gedanken und Gefühlen von dem, der mich verletzte, weil ich weiß: Nur so kann ich frei werden. Nur so kann ich auch heil werden. Nur so ist ein Neuanfang möglich – für mich, vielleicht auch für uns.

Wenn ich vergebe, kann ich zwar nicht vergessen, aber ich bin nicht mehr im Banne des Geschehenen. Ich muss nicht mehr zwanghaft meinen Blick auf das richten, was mir angetan wurde – auch nicht auf den Menschen, der daran schuld ist. Ich kann frei entscheiden, worauf ich meine Aufmerksamkeit richten möchte.

Wer verzeiht, löst Schmerzen. Vergeben heißt: den Pfeil, den der andere auf mich abgeschossen hat, nicht mehr dafür zu benutzen, um in der Wunde zu rühren und damit die Qualen noch zu vergrößern. Vergeben bedeutet vielmehr: den Pfeil (mit Gottes und der Menschen Hilfe) vorsichtig, aber entschlossen herauszuziehen, die Wunde zu versorgen und ihr so eine Chance zu geben, in absehbarer Zeit zu heilen.

[5] Allerdings ist für manche Menschen eine Beziehung im Bösen immer noch besser als gar keine Beziehung, da sie sich vor der damit verbundenen Freiheit im Grunde fürchten.

2 Was vergeben nicht bedeutet

Wenn du etwas Wichtiges tun willst, genügt es nicht, den Verstand zu befriedigen; du musst auch das Herz berühren.
Mahatma Gandhi

Vergeben bedeutet nicht, auf materielle Wiedergutmachung zu verzichten

Vergeben heißt, dass der seelische Schaden, den jemand angerichtet hat, nicht mehr nachgetragen wird. Man kann ihn in der Regel ja auch nicht vollständig wiedergutmachen, selbst durch ein Schuldeingeständnis samt Reue nicht. Anders ist es mit dem materiellen Schaden. Hier ist Wiedergutmachung – z. B. durch Geldzahlung, Inanspruchnahme der Versicherung oder andere Formen des Schadenersatzes – häufig möglich. Sie kann und soll geleistet werden. Warum? Weil es nicht nur recht und billig, sondern für beide Seiten wichtig ist, wenn der Schädiger den Schaden, den er angerichtet hat, auszugleichen versucht. Und weil noch genug zu vergeben bleibt, wenn dieser äußerliche Schaden behoben ist.

Nehmen wir einen alltäglichen Fall: Jemand fährt Ihnen ins Auto. Sie werden leicht verletzt, Ihr Auto ist beträchtlich demoliert. Sie sind unschuldig, der andere ist Ihnen zu dicht aufgefahren und konnte bei einem plötzlichen Stau nicht mehr rechtzeitig bremsen. Sie sind erleichtert, dass nichts Schlimmeres passiert ist, aber auch wütend, denn Sie haben nun eine Menge Arbeit und Probleme vor sich: Schmerzen, Arztbesuche, Werkstatttermine, Schriftwechsel mit der Versicherung, um nur einiges zu nennen. Der Fahrer, der Ihr Auto beschädigt hat, beteuert, dass es ihm Leid tut, und entschuldigt sich. Sie glauben ihm sein Bedauern und akzeptieren seine Entschuldigung, mit anderen Worten: Sie verzeihen ihm seinen Fehler. Dies bedeutet aber keinesfalls, dass Sie darauf verzichten, Ihren Wagen auf Kosten seiner Versicherung reparieren zu lassen und unter Umständen Schmerzensgeld zu beantragen! Im Gegenteil: Diese Formen des materiellen Schadensersatzes sind für den Schädiger eine Möglichkeit, wenigstens *einen Teil* seiner Schuld abzutragen. Man darf ja nicht vergessen: Viele, die anderen Menschen Schaden zufügten, werden von Schuldgefühlen geplagt, und es wäre geradezu eine Strafe für sie, wenn man ihnen nicht erlauben würde, wenigstens den materiellen Schaden, so weit wie möglich, wiedergutzumachen.

Natürlich ist es uns freigestellt, ob wir in unser Verzeihen auch den Verzicht auf materiellen Schadensersatz einschließen – zum Beispiel weil es sich, materiell gesehen, um einen Bagatellschaden handelt. Aber man sollte nicht vergessen, dass zu viel Großzügigkeit auch leicht etwas Erniedrigendes an sich hat oder beim anderen einen irreführenden Eindruck erweckt (»Dann war's wohl nicht so schlimm«). Das muss man vor allem bei Kindern beachten, die den Wert der Dinge oft noch nicht richtig einschätzen.

Vergeben bedeutet nicht verharmlosen

Wer vergibt, sagt nicht: »Es war ja nicht so schlimm.« Das würde bedeuten, das Geschehene zu bagatellisieren. Im Gegenteil: Wer vergibt, steht dazu, dass es schlimm war und weh getan tat, dass man das Erlebte nicht einfach wegsteckt. Verharmlosung hingegen wäre der Versuch, die Wirklichkeit weichzuspülen. Das klappt bei Kleinigkeiten – ein Kind schlägt sich das Knie an, trägt einen Kratzer davon und weint bitterlich. »Heile, heile Segen, drei Tage Regen, drei Tage Schnee – und dann tut's nicht mehr weh!«, singt die Mutter. Das Kind lauscht, ist beruhigt, freut sich an der Zuwendung und dem optimistischen Schluss des Liedchens – und stapft getröstet von dannen. Fällt das Kind dagegen vom Baum und bricht sich ein Bein, wäre die gleiche Reaktion der Mutter nicht nur unangemessen, sondern sehr gefährlich: Das Kind wird nicht zum Arzt gebracht, der Arzt kann den Bruch nicht behandeln, das Bein schmerzt also weiter und wird aller Wahrscheinlichkeit nach schief zusammenwachsen. Das Kind müsste sich den Rest seines Lebens mit einem bleibenden Schaden abquälen, der ihm möglicherweise bei jedem Schritt weh tut oder zu schaffen macht.

Dieses Beispiel zeigt: Verharmlosen und auf die leichte Schulter nehmen kann sehr riskant sein. Leichtes soll leicht genommen werden – Schweres wird aber nicht dadurch leichter, dass wir uns einreden: »Es war ja nicht so schlimm.« Oder uns einreden lassen: »Das hat dir doch nicht geschadet!« Ob etwas leicht war oder schwer, schlimm oder harmlos, ob es uns gut getan hat oder nicht – das kann niemand anderes beurteilen als allein wir selbst. Denn niemand kann in unsere Haut schlüpfen und in unsere Seele blicken. Niemand weiß, *wie* wir empfinden und *was* wir empfinden. Darum hat auch kein Mensch das Recht, unseren seelischen Schmerz zu bagatellisieren oder nicht ernst zu nehmen: »Stell dich nicht so an!« Wer so reagiert oder spricht, fügt uns neuen Schmerz zu.

»Das war schlimm für mich«, sagt das junge Mädchen zu seinem Vater, »dass du gelacht hast, als ich bei Mutters Geburtstag beim Gedichtaufsagen ins Stocken geriet!« Darauf der Vater: »Sei doch nicht so empfindlich, das war doch nicht böse gemeint!« Die Tochter fühlt sich nicht ernst genommen, sondern aufs Neue verletzt. Je nach Temperament zieht sie sich entweder gekränkt zurück, oder sie wird wütend und greift den Vater an – ein aggressiver Konflikt droht. Hätte der Vater geantwortet: »Das tut mir Leid, daran habe ich in dem Moment nicht gedacht!«, dann hätte sich die Tochter ganz sicher geachtet und verstanden gefühlt, und die Sache wäre geklärt gewesen. Doch die Antwort des Vaters bedeutet den Versuch, die zugefügte Kränkung zu verharmlosen. Es gehören Mut und Stärke dazu, dennoch auf dem eigenen Empfinden zu beharren: »Es *war* aber schlimm für mich – auch wenn du das nicht verstehst oder nicht wahrhaben willst!«

Doch oft sind es nicht die anderen, die versuchen, unsere Kränkung zu bagatellisieren, sie kleinzureden. Oft sind es wir selbst. Die eine Stimme in uns sagt: »Ich bin verletzt«, und die andere widerspricht ihr: »Wegen so etwas leidet man doch nicht, das ist doch albern! Da müsstest du doch drüber stehen!« Oder sie flüstert: »Gib dir ja nicht die Blöße und zeige, dass du getroffen bist!« Möglicherweise zischt diese andere Stimme auch: »Das ist doch schon so lange her, lass es doch gut sein!« Gerade bei Kränkungen aus der Kindheit ahnen wir, dass anstrengende Arbeit auf uns zukäme, wenn wir uns mit dem, was in der eigenen Biografie schlecht gelaufen ist, auseinander setzen würden.

Sehr schön wird diese Scheu, das »Hässliche« anzupacken, in dem Märchen »Der Froschkönig« beschrieben. Die Königstochter ekelt sich vor dem Frosch, dem sie in der Not das Versprechen gegeben hat, ihn in ihr Bett zu holen. Sie will nicht zu dem stehen, was geschehen ist. Sie will den Frosch nicht küssen, ihn überhaupt nicht an sich heranlassen, kurz: Sie weigert sich verzweifelt, sich mit ihm einzulassen. Doch er bleibt hartnäckig, er ist – wie auch unsere negativen Erinnerungen – mit Wegschauen und Ausweichen nicht zu vertreiben, sondern meldet sich immer wieder zu Wort. Genauso lässt auch unser seelischer Schmerz nicht locker und nimmt notfalls den Körper zu Hilfe, um auf sich aufmerksam zu machen, sich Gehör zu verschaffen.

Der Frosch zwingt die Prinzessin mit seiner Beharrlichkeit, ihm nicht einfach auszuweichen. Und das Wunder geschieht: Als sie ihren Ekel annimmt, den Frosch aufnimmt und voller Wut an die Wand wirft – bisher war sie leidend und weinerlich, aber nicht wütend! –, verwandelt er sich in einen Prinz. Das Hässliche fällt von ihm ab, das Erschreckende verschwindet, sein »wahrer Kern« kommt zum Vorschein. Er ist erlöst – doch nicht nur er. Auch sie, die Prinzessin, ist befreit! Befreit zu neuen Gefühlen, zu einer neuen Beziehung zu diesem – nunmehr verwandelten – Wesen. Befreit zum Beginn eines neuen Lebensabschnitts! Die Weisheit, die diesem Märchen innewohnt, lautet: »Man muss sich dem Hässlichen und Angstmachenden stellen, um es zu überwinden« – man darf es nicht einfach verharmlosen oder verdrängen.

Dies gilt auch für seelische Verletzungen. Vergebung bedeutet: den Schmerz zulassen, ihn anschauen, ihn aushalten – und dann beginnen, ihn loszulassen, um befreit zu sein und weitergehen zu können.

Vergeben bedeutet nicht, einen Freibrief für die Zukunft auszustellen

Vergebung bezieht sich auf das, was geschehen ist und nicht mehr rückgängig gemacht werden kann. Wer vergibt, radiert die Vergangenheit nicht aus, aber er macht einen Strich unter die Vergangenheit, um wieder offen für die Gegenwart und die Zukunft sein zu können. Sollte der Verletzer daraus jedoch den Schluss ziehen: »Dann kann ich ja so weitermachen«, dann ist das ein gefährliches Missverständnis. Ein Missverständnis, das wir auf keinen Fall dulden sollten – es sei denn, wir haben sowieso nicht mehr die Absicht oder die Möglichkeit, mit diesem Menschen in ein engeres Verhältnis zu treten. Das ist beispielsweise dann der Fall, wenn unser Verletzer schon gestorben ist oder einfach nicht mehr zu unserem Beziehungsnetz gehört – sei es durch Scheidung, Umzug, Rückzug von einer oder beiden Seiten oder aus anderen Gründen.

Falls die Beziehung zu dem Menschen, der uns wehgetan hat, weiter besteht, liegt der Fall anders. Wir müssen klarstellen: »Doch, es war hart für mich, und trotzdem vergebe ich dir. Aber ich bitte dich, dass so etwas nicht mehr vorkommt. Ich möchte auf keinen Fall, dass sich dein Verhalten wiederholt! Falls ich etwas dazu beitragen kann, dann sag' es mir bitte!« Gerade dieser letzte Satz wird meist weggelassen. Er fällt vielen schwer, sind sie doch der festen Meinung, der Fall sei eindeutig. Doch ob eindeutig oder nicht, dieser letzte Satz ist aus meiner Erfahrung *unerlässlich*, um die eigene Sichtweise nicht zur allein richtigen zu erklären. Es ist wichtig, auch dem Gegenüber die Möglichkeit zu geben, seine eigene Einschätzung der Situation – und unserer Person – einzubringen. Wenn wir ihm diese Möglichkeit nicht einräumen, besteht die Gefahr, dass unser Gegenüber, dem wir soeben großmütig vergeben haben, den Spieß kurzerhand herumdreht und *uns* die gesamte Schuld an dem Konflikt anlastet. Ein Streit darüber, wer mehr Recht – und weniger Schuld – hat, wäre die unausweichliche Folge, und unsere Vergebungsbereitschaft würde mit einem noch schlimmeren Zerwürfnis enden.

Unter diesem Gesichtspunkt ist Vergeben in einer bestehenden Beziehung mehr als ein Abschluss, es ist auch ein Neubeginn – nicht nur für den, der vergibt, sondern auch für den, dem vergeben wird. Wer also stillschweigend immer wieder vergibt, ohne den Verletzer darauf aufmerksam zu machen, wie weh sein Verhalten tut, darf sich nicht beschweren, wenn diesem keine Schuld bewusst ist und er folglich auch keinen Bedarf sieht, sich zu ändern. Oder wenn er sein verletzendes Verhalten als »nicht so schlimm« bewertet, da der andere ja anscheinend nicht besonders schwer daran zu tragen hat.

Vergeben bedeutet nicht versöhnen

Unter Versöhnung verstehe ich die Wiederaufnahme einer positiven Beziehung zwischen zwei oder mehr Menschen, die miteinander in irgendeiner Form verfeindet oder zerstritten waren. Das bedeutet: Zur Versöhnung gehören mindestens zwei. Es gehören jene zwei dazu, die miteinander ein Problem haben, sich zerstritten haben, verfeindet sind. Jene zwei – oder drei oder noch mehr –, zwischen denen eine Mauer steht: die Mauer der Kränkung, des Unrechts, des Verrats, der Demütigung, der Schuld, des Misstrauens, der Enttäuschung, des Zorns, des Schweigens, des Vertuschens ...

Doch Versöhnung setzt viel voraus:

- ▷ Beide Parteien müssen noch leben oder zumindest füreinander erreichbar sein.
- ▷ Beide müssen an einem Friedensschluss interessiert sein.
- ▷ Beide müssen auf gegenseitige Anklage, Vorwürfe und Rechthaberei verzichten.
- ▷ Beide müssen den Wunsch haben, wieder in guter Beziehung zum anderen zu leben.
- ▷ Beide müssen bereit sein, einen Schritt auf den anderen zuzugehen.
- ▷ Beide müssen das Bedürfnis verspüren, einen Strich unter die Vergangenheit zu ziehen und miteinander neu anzufangen.

Was ist Ihre Erfahrung: Wie häufig geschieht es, dass all diese Bedingungen erfüllt sind? Nach meiner Beobachtung: eher selten. Entweder ein Beteiligter lebt nicht mehr oder ist »über alle Berge« oder hat schlichtweg kein Interesse mehr an der Beziehung. Oder einer besteht auf seiner Sicht der Dinge, auf seinem Recht und ist unter keinen Umständen bereit, davon abzusehen bzw. eigene Schuld, wenigstens Mitschuld, anzuerkennen. Er verlangt vom anderen nicht mehr und nicht weniger als totale Unterwerfung: »Ja, du hast Recht, nur du.« Wie soll in diesem Fall Versöhnung stattfinden?

Häufig geschieht es auch, dass einer der Beteiligten – zum Beispiel ein Familienangehöriger – die Beziehung abbricht und damit dem Problem, sich möglicherweise in Frage stellen oder gar entschuldigen zu müssen, aus dem Weg geht. Jeder Annäherungsversuch des anderen wird als Gefahr erlebt, die im Keim erstickt werden muss – durch erneute Zurückweisung.

Auch in einem anderen Fall ist Versöhnung sehr schwierig: wenn die Verletzung durch einen massiven Vertrauensmissbrauch oder Wortbruch ausgelöst wurde. Ich denke hier an die vielen Enttäuschungen, die im Zusammenhang mit Erbstreitigkeiten entstehen. Man fühlt sich von einem Geschwister oder sonstigen Verwandten klar übervorteilt oder geprellt, ausgenutzt oder abgezockt und ist in seiner Gutgläubigkeit tief erschüttert. Man hat das Gefühl, man hätte diesem Menschen niemals so blind vertrauen dürfen. Man fühlt sich als Opfer und klagt den anderen an. Meist bestreitet das Gegenüber jegliche Schuld und stellt den Sachverhalt vor sich und anderen so dar, dass es sich nicht in Frage stellen, geschweige denn etwas herausrücken muss.

Mit anderen Worten: Der Verletzer wäscht seine Hände in Unschuld – was für ihn ja auch am bequemsten und vorteilhaftesten ist. Wie soll hier Versöhnung möglich sein, wo sie doch voraussetzt, dass *beide* Seiten von ihrer Sichtweise, ihrem vermeintlichen Recht – natürlich auch von ihrem Vorteil – etwas abrücken, um aufeinander zuzugehen? Solange das Unrecht – oder zumindest die *Möglichkeit* des Unrechts – von keiner Seite eingestanden und entsprechend wiedergutgemacht wird, hat man kaum eine Chance, eines Tages wieder harmonisch miteinander umgehen zu können. Die uneingestandene Schuld, die habgierige Vorteilnahme ist der Abgrund, der die Menschen trennt. Selbst wenn sich die übervorteilte Seite entschließen sollte, zu verzeihen, wird immer ein Riss bleiben – der Riss des zerstörten Vertrauens, das sich ohne Versöhnung nicht wieder neu entwickeln kann.

Vergebung, so viel wird deutlich, ist deshalb nicht mit Versöhnung gleichzusetzen. Denn zur Vergebung wird nur eine Person benötigt: diejenige, die vergibt. Vergebung ist, so erstaunlich das klingt, ein Prozess, an dem der Mensch, der uns verletzt hat, nicht unbedingt beteiligt sein muss. Von dem er nicht einmal etwas wissen muss! Warum ist das so? Weil Vergebung *meine* Verarbeitung einer bitteren Erfahrung ist, die ich mit einer anderen Person gemacht habe. Vergebung ist, im Bild gesprochen, eine Operation an *meinem* Herzen – nicht am Herzen des anderen. Der andere mag mir dabei eine Hilfe sein, er mag mich – beispielsweise durch seine Reue und die Bitte um Entschuldigung – unterstützen, er muss es aber nicht. Ich bin auf ihn nicht angewiesen! Möglicherweise ist es sogar besser, ich beziehe ihn gar nicht mit ein.

Vergeben bedeutet nicht vergessen

Was vergisst der Mensch nicht? Alles, was einen tiefen Eindruck in seiner Seele hinterlässt – es sei Erschreckendes, zutiefst Schmerzliches und Furchtbares oder Schönes, Erfreuliches, Erstaunliches, Überraschendes. Ich werde nie den Moment vergessen, als mein Kind geboren war, oder den Tag meiner Hochzeit. Ich werde nie den tiefen Schmerz vergessen, als ich erfuhr, dass ein Freund sich das Leben genommen hatte oder meine Cousine plötzlich gestorben war. Auch nicht den Augenblick, als ich am 11. September 2001 im Radio hörte, dass ein Turm des World Trade Centers in New York eingestürzt sei. Ich weiß noch genau, wo ich mich aufhielt, als ich davon hörte – und wie mir zumute war. Und Ihnen wird es genauso ergehen. Was uns im Mark erschüttert, es sei erfreulich oder entsetzlich, es sei beglückend oder tragisch, das bleibt – mitsamt dem Ort, an dem es stattfand – in unsere Seele eingebrannt und ist durch keine Macht der Welt mehr rückgängig oder ungeschehen zu machen.

Dies gilt auch für seelische Verletzungen. Sie mögen noch so gut verheilt sein, es mag kaum eine Narbe mehr zu sehen oder zu spüren sein – wir werden sie nicht vergessen. Selbst wenn wir es wollten: Wir können uns zwar vornehmen, uns etwas einzuprägen – und oft klappt es auch –, aber wir können uns nicht vornehmen, etwas wieder zu vergessen. Das steht nicht in unserer Macht: »Man kann seine Augen vor Tatsachen verschließen, aber nicht vor Erinnerungen« (Stanislaw Jerzy Lec). Und wer es dennoch versucht, den erinnern seine immer wiederkehrenden nächtlichen (Alp-)Träume daran, dass Erinnerungen nicht zu löschen sind und wir vor ihnen nicht weglaufen können.

Heißt das, dass wir mit dem Schmerz der Verletzung bis ans Ende unserer Tage leben müssen? Nein, nicht unbedingt. Dieser Schmerz wird geringer, wenn wir das Geschehene verarbeiten und vergeben. Ob er jemals ganz verschwindet, lässt sich nicht von vornherein wissen. Doch eine offene Wunde schmerzt mehr als eine verheilte, so viel ist sicher. Das bedeutet: Was sich durch Vergebung auf jeden Fall nachhaltig ändert, ist die *Art der Erinnerung* – genauer: die Gefühle, die unser Erinnern begleiten.

Wenn jemand nicht verzeiht, so ist jedes Erinnern mit negativen Gefühlen verbunden: Bitterkeit, Zorn, Hass, Rachephantasien, aber auch Resignation, Scham, Selbstabwertung, um nur einige zu nennen. Mit diesen starken Gefühlen sind häufig auch körperliche Reaktionen verbunden: Der ganze Körper leidet mit. Hat jemand dagegen von Herzen vergeben und erinnert sich dann an das Geschehene, so wird diese Rückschau von anderen Emotionen begleitet – einem Gefühl der Trauer möglicherweise, einem Gefühl des Bedauerns, aber auch innerer Friede, ja sogar Dankbarkeit sind möglich. Dankbarkeit dafür, endlich frei zu sein vom Hass, vom Bann der Vergangenheit. Endlich wieder nach vorne schauen zu können. Sich endlich nicht mehr als Opfer sehen zu müssen.

Die Trauer, die trotzdem immer wieder hochkommt, kann bedeuten: »Es tut mir Leid, dass es nicht anders gelaufen ist, dass mir dieses bittere Erlebnis nicht erspart blieb. Ich wünschte, es wäre nicht geschehen – aber ich kann auch damit leben, dass es passiert ist. Es hat mich nicht zerstört. Ich bin daran nicht zerbrochen, ich bin daran gewachsen. Ich habe jetzt Abstand, ich bin darüber hinweg – und dafür bin ich dankbar.« Mit diesen Gefühlen und Gedanken lässt sich die Erinnerung aushalten, ohne immer wieder neues Leid und neue Bitterkeit in uns zu erzeugen. Wenn also Menschen sagen: »Vergeben kann ich es – aber nicht vergessen!«, so lässt sich darauf antworten: »Es reicht auch, wenn du vergibst! Dass du es vergisst, ist nicht notwendig.«

Allerdings muss auch die Frage erlaubt sein, *warum* ein Mensch extra betont, dass er nicht vergessen könne. Nach meiner Erfahrung steckt dahinter oft die unausgesprochene Botschaft: »Eigentlich habe ich es dir auch nicht wirklich vergeben!« Ein Vergeben aus moralischer Pflicht oder »um des lieben Friedens willen« ist kein wirkliches Vergeben. Das spüren die Menschen, und mit der Aussage »Vergeben ja – vergessen nie!« bringen sie diesen inneren Zwiespalt zum Ausdruck. Sie sagen diesen Satz oft mit einem drohenden Unterton, dem man anmerkt, dass sie den Verletzer eigentlich immer noch anklagen, ihn nicht entlasten wollen. An dieser Stelle müsste es möglich sein, den anderen zu fragen: »Bist du sicher, dass du wirklich vergeben hast oder vergeben willst?« Sollte darauf ein klares »Ja!« erfolgen, so darf man getrost sagen: »Dann kannst du auch mit der Erinnerung leben.«

3 Vergebung ist ein Geschenk

Liebende leben von der Vergebung.

Manfred Hausmann

Wer vergibt, schenkt dem anderen etwas

Es gibt viele Gründe, einem Menschen nicht zu verzeihen. Und es gibt viele Gründe, ihm zu vergeben. Doch einen Grund für Vergebung dürfen wir getrost ausschließen: Vergebung ist keine Pflicht. Wir sind niemandem Vergebung schuldig.

Keiner, der uns jemals wehgetan hat, kann von uns fordern, dass wir ihm verzeihen. Er kann nur darum bitten. Deshalb heißt es auch: Ich *bitte* um Verzeihung. Ich *bitte* um Entschuldigung. Ich *bitte* um Nachsicht. Schon in diesen Formulierungen wird deutlich: Vergebung ist und bleibt ein Geschenk, und Geschenke sind etwas Freiwilliges. Wer aus Pflicht etwas schenkt, schenkt nicht von Herzen und tut es in der Regel nur, um der Konvention Genüge zu tun (»Das gehört sich doch!«) und nicht unangenehm aufzufallen. Eine Bitte beinhaltet immer auch die Möglichkeit, dass sie abgeschlagen wird. Das unterscheidet sie vom Befehl. Eine Bitte, die ich nicht abschlagen darf, ist genau genommen keine Bitte mehr, sondern ein Anspruch, den jemand an mich stellt.

Ein Beispiel, das den Unterschied verdeutlichen soll: Ich komme in eine Bäckerei und sage: »Bitte fünf Brötchen!« Selbstverständlich würde die Verkäuferin mir diese Bitte nicht abschlagen – sofern Brötchen da sind –, geht sie doch davon aus, dass ich eine Gegenleistung in Form von Geld erbringe. Ganz anders sieht die Sache aus, wenn ich ohne einen Cent in der Tasche die Bäckerei betrete und sage: »Ach bitte, könnten Sie mir ein Brötchen schenken?« In diesem Fall ist es eine echte Bitte, da ich ja offenbar nichts als Gegenleistung zu bieten habe. Ich muss damit rechnen, dass die Verkäuferin sagt: »Nein, Sie bekommen von mir kein Brötchen, da könnte ja jeder kommen und betteln!« Oder dass sie Bedingungen stellt: »Sie bekommen das Brötchen nur, wenn Sie mir versprechen, es morgen zu bezahlen!«

Ähnlich steht der Fall, wenn uns jemand um Verzeihung bittet. Grundsätzlich haben wir das Recht, diese Bitte abzuschlagen oder nicht sofort zu erfüllen, sondern uns Zeit zu nehmen. Der israelische Schriftsteller Simon Wiesenthal erzählt in seiner Biografie ein solches Erlebnis. Er war als Jude Gefangener des Naziregimes und musste in einem Lazarett arbeiten. Ein hochrangiger SS-Offizier wurde eingeliefert und rang mit dem Tod. Ihn quälten schlimme Schuldgefühle wegen des Schrecklichen, das er Juden angetan hatte, und er bat den Juden Simon Wiesenthal, ihm im Namen seiner jüdischen Volksgenossen zu vergeben. Simon Wiesenthal erfüllte diese Bitte nicht, sondern verließ wortlos das Zimmer des Sterbenden. Man kann darüber nachdenken, ob diese Reaktion moralisch richtig oder falsch war – aber man kann auf keinen Fall Simon Wiesenthal das Recht bestreiten, eine solche Bitte auch abzulehnen.

Wer vergibt, beschenkt sich selbst

Warum sollten wir vergeben, wenn wir es nicht müssen? Nach allem, was bisher gesagt wurde, dürfte deutlich geworden sein: Vergebung ist in erster Linie ein Geschenk, das ich mir selbst mache. Was bedeutet »in erster Linie«? Es bedeutet:

- ▷ Der durchschlagendste Entlastungseffekt liegt bei dem, der vergibt. Wenn auch der, dem vergeben wird, sich entlastet und befreit fühlt, dann ist das erfreulich, aber nicht zwingend notwendig.
- ▷ Die nachhaltigste Veränderung ereignet sich im inneren und äußeren Leben desjenigen, der vergibt. *Seine* Lebensqualität verbessert sich – selbst wenn die Beziehung zum Verletzer äußerlich nicht mehr besteht oder nicht mehr aufgenommen werden kann. Falls durch die Vergebung auch die gerissene oder gestörte Verbindung zum Verletzer wieder geheilt ist – wunderbar, eine groß-

artige Entwicklung. Doch auch ohne diese Möglichkeit eröffnen sich dem, der vergeben hat, neue Perspektiven.

- ▷ Die wirkungsvollste Gesundheitsvorsorge leistet derjenige, der verzeiht: für sich selbst. Das Ende der seelischen Daueranspannung bedeutet auch für unseren Organismus in vielerlei Hinsicht Entwarnung: Der Magen beruhigt sich, das Herz schlägt gleichmäßiger, die nervliche Anspannung lässt nach. Der Körper erfreut sich neuer Vitalität, oft auch gesteigerten Wohlbefindens und wiederhergestellter oder zumindest verbesserter Gesundheit.
- ▷ Die Blockade in der Beziehung zu sich selbst und zum Nächsten, aber auch zu Gott, ist aufgehoben – die »Energie der Liebe« kann wieder fließen. Dazu später mehr.

Wer vergibt, erlebt dies auch als Geschenk

Nicht nur der Satz »Die Zeit heilt alle Wunden«, sondern auch ein anderes weitverbreitetes Sprichwort spiegelt mehr unser Wunschdenken als die Wirklichkeit wider: »Wo ein Wille ist, ist auch ein Weg.« Damit soll deutlich gemacht werden: Was der Mensch will, das kann er auch. Wie schon am Beispiel des Vergessens deutlich geworden ist, stimmt das keinesfalls in jeder Hinsicht – Vergessen kann man nicht »wollen«. Man kann es allenfalls vorübergehend durch Ablenkung oder durch Rauschmittel wie Alkohol oder andere Drogen bewirken. Doch diese Betäubung ist kein echtes Vergessen.

Ein anderes Beispiel: Können Sie sich vornehmen, jemanden sympathisch zu finden? Oder jemanden zu vermissen? Sicher nicht. Von etwas beglückt oder begeistert zu sein – auch das lässt sich kaum mit Willenskraft allein herbeiführen. Eine Menge weiterer Beispiele ließen sich noch anführen – Vergebung gehört dazu. Sicher haben wir viele Möglichkeiten, das Ziel der Vergebung zu erreichen – sonst würde es keinen Sinn machen, ein Buch darüber zu schreiben. Doch auch hier hat unsere eigene Anstrengung, unser persönliches Wollen und Ringen, eine Grenze. Denn für unser seelisches Leben gelten ähnliche Gesetze, wie sie Matthias Claudius bezüglich unseres Umgangs mit der Natur formuliert hat:

»Wir pflügen und wir streuen
den Samen auf das Land,
doch Wachstum und Gedeihen
stehn nicht in unserer Hand ...«[6]

Viele so genannte Motivationstrainer verkünden heute: »Du kannst alles, wenn du nur willst!« Sie befriedigen damit das Wunschdenken von Abertausenden unzufriedenen Menschen, die von einem besseren Leben träumen. Die Kehrseite ihrer schrecklichen Vereinfachungen ist jedoch, dass sie die Menschen zu einer beispiellosen Selbstüberschätzung ermutigen, die gefährliche Folgen für die Psyche hat. Wie eine gründliche Untersuchung[7] inzwischen nachgewiesen hat, kommen viele Menschen, die entsprechende Seminare mitmachen, seelisch nicht damit zurecht, dass sie es trotz intensiver Anstrengungen eben »doch nicht schaffen«, dass ihre Willenskraft nicht ausreichte, um die versprochenen und erträumten Ziele zu erreichen. Die solchermaßen Gescheiterten haben zusätzlich zu ihrer Enttäuschung auch noch an ihren Schamgefühlen zu tragen – sind sie doch offensichtlich selbst schuld, dass sie zu den »Losern«, den Verlierern gehören.

Zu einem klaren Blick für das Machbare gehört eben auch das Wissen um unsere psychologischen Grenzen. Damit meine ich: Es gibt auch in unserer menschlichen Natur Bereiche, die wir zwar erforschen und erkennen, möglicherweise auch beeinflussen und verändern, aber nicht vollständig unter unsere Kontrolle bringen können. Stattdessen spüren wir, was auch der am härtesten trainierende Sportler irgendwann spürt: Hier kommt mein Wille an eine Grenze. Hier muss zu meiner eigenen Anstrengung noch etwas Weiteres hinzukommen – aus einer anderen Quelle. Man mag es Glück nennen oder Gnade, man mag darin Gottes Hilfe erkennen oder Gottes

[6] Ev. Gesangbuch für Württemberg, Stuttgart 1996, Lied Nr. 508.
[7] Günter Scheich, Positives Denken macht krank, Frankfurt 1997.

Geist – immer ist es etwas, das nicht in unserer Verfügungsmacht steht. Etwas, um das wir ringen und bitten dürfen, aber von dem wir auch wissen: Es bleibt ein Geschenk. Tiefes, echtes Vergeben, auch bei unvorstellbar schrecklichen Erfahrungen, ist möglich, dafür gibt es genügend beeindruckende Beispiele. Doch derjenige, dem es gelingt, erfährt es – bei allem eigenen Engagement und Bemühen – wohl immer auch im Tiefsten als Gnade.

In Psalm 127,2 steht der wunderbare Gedanke: *»Seinen Freunden gibt es der Herr im Schlaf.«* Damit soll keinesfalls Untätigkeit und träges Abwarten gefördert werden. Hier drückt sich vielmehr die tiefe Weisheit aus, dass sich wesentliche Entwicklungen in unserem Leben auch außerhalb unseres Bewusstseins – und damit außerhalb der Reichweite unseres Willens – vollziehen (denken wir nur an das Wachstum eines Kindes im Mutterleib). Doch das schließt nicht aus, dass wir alles, was in unseren Kräften steht, dazu beitragen – und das ist immer noch eine ganze Menge.

Wo bleibt die Gerechtigkeit?

Was vielen Menschen Vergebung so schwer macht, ist ihr Gerechtigkeitsempfinden. Das hebräische Wort für »Gerechtigkeit« bedeutet: jemanden so behandeln, wie es ihm zusteht; jemandem »gerecht werden«. Daraus wird deutlich: Wenn uns jemand kränkt, behandelt er (oder sie) uns nicht so, wie wir es erwarten können, wie es uns als Mitmensch, Freund, Bruder, Partner, Kollege, Nachbar, Mutter, Tochter etc. eigentlich gebührt. Wenn jemand uns verletzt, wird er uns und unseren Erwartungen oder Bedürfnissen nicht gerecht.

Ein Beispiel für eine völlig unerwartete und unverständliche Enttäuschung: Ein unverheirateter Mann hat zwölf Nichten und Neffen und kündigt diesen immer wieder an, dass er ihr Hab und Gut gerecht an sie alle vererben werde. Da alle ihm gleich nahe stehen, sieht keiner der zwölf einen Anlass, den Onkel genauer zu befragen, was er im Sinn hat, sondern alle sind mit dieser Lösung zufrieden. Nach dem Tod des Onkels findet sich ein Testament, in dem nur zwei der zehn den gesamten Nachlass erben – und dadurch sehr reich werden –, während alle anderen vollkommen leer ausgehen. Die zwei Glücklichen können mit dieser »Ungerechtigkeit« zu ihren Gunsten gut leben. Tief verletzt und enttäuscht sind hingegen die restlichen zehn Nichten und Neffen. Sie empfinden dieses Testament als bittere Enttäuschung, fühlen sich betrogen und haben keine Chance mehr, den Onkel nach den Gründen seiner eigenartigen Entscheidung zu fragen.

Kann man eine solche Ungerechtigkeit einfach verzeihen? In diesem Fall bleibt den »Enterbten« gar nichts anderes übrig, als die Ungerechtigkeit zu akzeptieren, denn ein Rechtsstreit hätte keine Aussicht auf Erfolg. Es legt sich folglich der Gedanke nahe: »Wenn du schon nichts mehr daran ändern kannst, dann entschließe dich dazu, deinen Anspruch auf Gerechtigkeit loszulassen – um deines inneren Friedens willen.«

Für den Fall, dass der Verursacher des Unrechts noch lebt, kann man natürlich versuchen, durch Gespräche noch eine Änderung zu bewirken.[8] Was aber sind die Folgen, wenn die Menschen, die uns geschädigt oder übervorteilt haben, zu keiner Änderung, Korrektur oder Entschuldigung bereit sind, jedoch immer noch in unserem sozialen Umfeld leben? Der Kontakt zu ihnen wird zwangsläufig abreißen oder sich nur noch an der Oberfläche abspielen und aufs Nötigste beschränken, weil die Basis für Vertrauen und damit für eine erneute Annäherung fehlt. Jesus selbst hatte diesen Fall vor Augen: *»Wenn dein Bruder* (das heißt: ein dir nahe stehender Mensch; d. Verf.) *sündigt«,* sagt Jesus, *»so weise ihn unter vier Augen zurecht«* (Matthäus 18,15–17). Falls er sein Unrecht einsieht, wird die Beziehung vertieft. Falls er sein Unrecht leugnet, soll man ihn noch einmal, diesmal im Beisein von Zeugen, ermahnen. Bleibt er immer

[8] Man kann sich auch um Schadensersatz, Wiedergutmachung und juristische Klärung bemühen, wenn es sich um eine gesetzlich geregelte Angelegenheit handelt und man der Meinung ist, dass ein Streit sich lohnt. Doch muss man sich von vornherein darauf einstellen, dass ein Rest an Ungerechtigkeit bleiben wird, egal wie die Sache ausgeht. Diesen Rest kann man nur noch vergeben. Doch leider sind die Fronten nach einem Gerichtsprozess in aller Regel verhärteter als je zuvor, so dass Vergebung und Versöhnung in weite Ferne gerückt sind.

noch uneinsichtig und halsstarrig, so hat man, sagt Jesus, das Recht, zu ihm auf Abstand zu gehen, da die Voraussetzungen für ein gutes Vertrauensverhältnis nicht mehr gegeben sind. Mit diesen Worten macht Jesus deutlich, dass es unter bestimmten Umständen erlaubt, ja vielleicht geradezu notwendig ist, eine Beziehung »auf Eis zu legen« bzw. in die Distanz zu gehen: um die eigene Person zu schützen. Um nicht wieder das Opfer von Unrecht und Missachtung zu werden. Doch das bedeutet nicht, auch die Vergebung auf unbestimmte Zeit zu vertagen!

4 Warum können uns Menschen kränken und verletzen?

Du bist zeitlebens für das verantwortlich, was du dir vertraut gemacht hast.

Antoine de Saint-Exupéry

Bisher sind wir davon ausgegangen, dass uns jemand weh tut, kränkt, verletzt – mit anderen Worten: uns Unrecht tut. Die Folge: Wir haben ihm etwas zu vergeben. Doch wir sollten uns auch fragen: *Wie kann es dazu kommen, dass jemand uns verletzt?* Und: *Wer entscheidet eigentlich, was ein Unrecht ist?* Ein Beispiel: Die Verkehrspolizei einer größeren Stadt lässt zahlreiche neue Radarfallen installieren. Viele Autofahrer, die darauf nicht gefasst sind, werden geblitzt und erhalten Bußgeldbescheide. Sie sind verärgert und schimpfen, dies sei eine »üble Abzockerei«. Der Verantwortliche hingegen kontert: »Wer zu schnell fährt und erwischt wird, muss mit Strafe rechnen. Das ist vollkommen gerecht.« Wer hat Recht? In diesem Fall natürlich die Polizei, denn wer gegen eine gesetzliche Regel verstößt, setzt sich ins Unrecht und kann bestraft werden. Doch selten ist der Fall so eindeutig, weil es für die meisten zwischenmenschlichen Verletzungen keine festgelegten Regeln gibt. Wer entscheidet unter diesen Umständen, was gerecht ist? Die Antwort fällt nicht so einfach aus, wie wir es gern hätten.

Menschen verletzen uns, weil sie andere Einstellungen und Erwartungen haben als wir

Es ist Muttertag, und irgendwann im Lauf des Vormittags läutet das Telefon. Der einzige Sohn meldet sich und bekundet der Mutter seine Dankbarkeit für alles, was sie für ihn getan hat. Leider hätte er heute keine Zeit, sie zu besuchen, aber ein anderes Mal käme er. Die alte Frau kann ihre tiefe Enttäuschung nur mühsam verbergen. Sie muss den Tag nun allein verbringen. Wenn mehr als ein Anruf nicht möglich ist, hätte er doch wenigstens einen Blumenstrauß schicken können, wo das doch heutzutage so einfach ist ... Hat sie Recht? Gegenfrage: Wo steht geschrieben, was ein Sohn am Muttertag zu tun hat? Und was eine Mutter von ihrem Sohn anlässlich dieses Tages erwarten darf? Möglicherweise ist dieser Tag für den Sohn nicht mehr als eine amerikanische Erfindung, die den Blumenverkauf in die Höhe treiben soll. Doch wahre Liebe drückt sich nicht einmal im Jahr in einem Blumenstrauß aus! Die Mutter hingegen wünscht sich an diesem Tag etwas Zuwendung und Dankbarkeit für all das, was sie ihrem Sohn gegeben hat. Sie geht davon aus, am Muttertag einen Besuch ihres Sohnes erwarten zu dürfen, zumal sie jetzt im Alter oft allein ist. – Wer hat Recht? Wir ahnen es schon: beide. Der Sohn hat das Recht, mit dem Muttertag so umzugehen, wie *er* es möchte, und die Mutter hat das Recht, mit diesem Tag bestimmte Hoffnungen zu verbinden. Wenn aber beide auf ihre Weise Recht haben – warum kommt es dann zur Enttäuschung?

Zum einen: Es kommt zur Enttäuschung, weil die Mutter sich nicht fragt, ob ihre Erwartungen erstens realistisch und zweitens berechtigt sind. Zum Zweiten: Es kommt zur Enttäuschung, weil Mutter und Sohn nicht rechtzeitig und nicht offen über ihre jeweiligen Erwartungen oder Einstellungen miteinander geredet haben.

Beides hängt natürlich eng miteinander zusammen. Je überzeugter ein Mensch davon ist, dass seine Vorstellungen oder Erwartungen an den oder die anderen berechtigt oder gar selbstverständlich sind, desto weniger ist er bereit, diese Erwartungen überhaupt zur Diskussion zu stellen. Ja, oft kommt er überhaupt nicht auf die Idee, über seine Erwartungen nachzudenken, so normal und natürlich kommt ihm das eigene Bedürfnis vor. »Das ist doch nicht zu viel verlangt!«, heißt es entrüstet, wenn die andere Seite versucht, ein Gespräch darüber zu führen und die eigene Sichtweise zur Geltung zu bringen. Und schon ist der Erwartende in der Rolle des Anklägers und sein Gegenüber in der Rolle des Angeklagten. Das kann nicht gut gehen.

Gut gehen Gespräche nur dann, wenn sie auf einer Ebene der strikten Gleichberechtigung stattfinden, mit anderen Worten: Wenn alle Beteiligten das gleiche Recht haben, ihre persönliche Sichtweise mitzuteilen, ohne dafür angegriffen, angeklagt oder gar verurteilt zu werden.

Schief gehen demzufolge alle Gespräche, bei denen diese Voraussetzung nicht gegeben ist: bei denen sich einer von vornherein mehr im Recht fühlt und sich die Rolle des Richters anmaßt, der entscheidet, was moralisch gut und böse, richtig und falsch ist. Hätte die Mutter rechtzeitig zu ihrem Sohn gesagt: »Bald ist Muttertag, und es würde mich sehr freuen, wenn du mich besuchen könntest«, so hätte der Sohn ehrlich antworten können: »Mutter, ich besuche dich gerne, aber an diesem Muttertag passt es mir nicht. Bist du sehr enttäuscht, wenn ich an einem anderen Tag komme?« Falls die Mutter dann gesagt hätte: »Ja, eigentlich schon«, dann hätte sie damit den Sohn natürlich unter Druck gesetzt – unter Erwartungsdruck. Das wäre zwar nicht angenehm für ihn, doch er hätte sich offen äußern können, wie er sich dazu stellt. Eine mögliche Antwort wäre: »Das tut mir Leid, aber ich bitte dich um Verständnis, dass es mir an diesem Tag einfach nicht möglich ist.« In diesem Fall müsste sich die Mutter entscheiden: Besteht sie auf ihrer Erwartung, dann wird sie gekränkt sein; rückt sie von ihrer Erwartung ab, dann kann sie die Entscheidung akzeptieren und freut sich auf seinen Besuch an einem anderen Tag.

Die zweite Möglichkeit für den Sohn bestünde darin, dass er sich dem Erwartungsdruck seiner Mutter beugt und nachgibt: »Na gut, dann sage ich eben den anderen Termin ab und besuche dich.« Gründe für dieses Nachgeben könnten sein, dass er die Auseinandersetzung mit der Mutter scheut, dass er Angst hat, sie zu kränken, oder dass er sowieso ein schlechtes Gewissen hat, weil er seine Mutter so wenig besucht. In all diesen Fällen würde er mit innerem Groll nachgeben – um des lieben Friedens willen, der aber ein Scheinfriede ist.

Möglich wäre allerdings auch, dass ihm ihr seelisches Wohlergehen wirklich so sehr am Herzen liegt, dass er sie nicht enttäuschen möchte, oder dass ihm der andere Termin tatsächlich nicht so wichtig ist und er ihn ohne Probleme verschieben bzw. absagen kann. In diesen beiden Fällen würde ihm eine Änderung seiner Pläne nicht besonders schwer fallen und wäre vor allem *nicht mit innerem Widerstand und Ärger verbunden.*

Ich habe es gerade im Verhältnis von erwachsenen Kindern zu ihren betagten Eltern häufig erlebt, dass unausgesprochene Erwartungen die Beziehung belasteten, weil es nie zu einem offenen Gespräch darüber kam. Der äußere Friede, durch einseitiges Nachgeben einer Partei erzielt, wird mit zunehmendem inneren Unfrieden und Groll bezahlt. Man beugt sich zwar dem Druck des Älteren oder Stärkeren, empfindet jedoch immer mehr inneren Druck – bis es unter Umständen eines Tages zum Knall kommt, weil man, oft bei banalem Anlass, die Beherrschung verliert. Frustration und unterdrückte eigene Bedürfnisse haben sich angestaut und platzen irgendwann heraus. Die daraus entstehenden gegenseitigen Kränkungen sind oft sehr schwerwiegend, und es rächt sich bitter, dass im Vorfeld zu lange geschwiegen und geschluckt wurde.

Wir alle haben Erwartungen an die Menschen, mit denen wir in Beziehungen leben. Das dürfen wir auch. Aber wir haben nicht das Recht – auch nicht das Recht des Älteren –, diese Erwartungen als ehernes Gesetz zu betrachten, d.h. uns einem offenen und kritischen Gespräch darüber zu verweigern. Wir haben nicht das Recht, unseren Vorsprung an Alter, Erfahrung oder erbrachten Opfern auszunutzen, um uns nicht mehr in Frage stellen zu müssen. Denn grundsätzlich gilt: Jeder Mensch hat das Recht auf *seine* Vorstellungen, *seine* Hoffnungen, *seine* Bedürfnisse und Einstellungen. Keiner kann sich über den anderen stellen und sagen: »Ich habe mehr Recht, weil ...« Oder: »Meine Einstellung ist auf jeden Fall richtiger, weil ...«

Ein offenes, aber gleichberechtigtes und sachliches Gespräch bietet eine Menge Vorteile:

▷ Beide Seiten üben es, ihre Wünsche und Bedürfnisse nicht nur wortlos mitzuteilen, sondern möglichst konkret in Worte zu fassen.

▷ Beide Seiten wissen, woran sie sind: was der Beziehungspartner gerne möchte oder nicht möchte. Es muss nicht »geraten« werden.
▷ Beide Seiten lernen, die Erwartung des anderen ruhig anzuhören, ohne sie sofort zensieren (»Findest du das nicht abartig?«) oder ablehnen zu müssen (»Das ist doch Quatsch!«). Sie üben es, einander in ihrer Verschiedenheit zu achten und gelten zu lassen.
▷ Beide Seiten respektieren, dass der andere die Freiheit hat, anders zu denken und zu handeln, als man es gern möchte. Sie lösen sich von dem Anspruch, von vornherein »mehr Recht« zu haben oder die Dinge »richtiger« zu sehen.
▷ Beide Seiten sprechen darüber, *warum* sie eine Erwartung haben. Sie lernen so, sich ineinander einzufühlen und einander besser zu verstehen. Die Beziehung vertieft sich, selbst wenn man nicht gleicher Auffassung ist.
▷ Beide Seiten lernen, Nein zu sagen, ohne damit die Angst zu verbinden, den anderen zu kränken oder sich schuldig fühlen zu müssen.
▷ Beide Seiten lernen es, mit Enttäuschungen umzugehen.

Natürlich kann es trotzdem weh tun, wenn man auf einen offen und ehrlich geäußerten Wunsch samt Begründung eine genauso offene und ehrliche Ablehnung samt Begründung erntet. Doch eine begründete Ablehnung ist wesentlich leichter zu verschmerzen, als wenn nie in Worte gefasste Bedürfnisse vom anderen genauso wortlos missachtet und enttäuscht werden.

Ein geradezu klassisches Beispiel, wie man sich gegenseitig durch Sprachlosigkeit verletzt: Ein Mann macht mit einigen Gesten der Zärtlichkeit deutlich, dass er gerne mit seiner Frau schlafen würde. Sie will nicht und schützt Müdigkeit oder Kopfweh vor. Er zieht sich frustriert zurück. Was geschieht: Beide Seiten vermeiden ein offenes Gespräch über ihre jeweiligen Bedürfnisse und verletzen sich dadurch umso tiefer auf der wortlosen Ebene.

Was hindert den Mann daran, seine Zärtlichkeiten mit einem ebenso zärtlich geäußerten Wunsch zu verbinden, und was hindert die Frau daran, liebevoll zu sagen, was *sie* will? Natürlich macht hier der Ton die Musik, und die gegenseitige Wertschätzung muss auch in den Worten spürbar sein. Befehle und Vorwürfe ersticken hingegen jede gute Begegnung schon im Keim. Doch: Wie viel befriedigender wären viele Partnerschaften, wenn *beide Partner* es als Aufgabe und Ziel ansehen würden, miteinander immer offener und trotzdem liebevoll über ihre Gefühle und Bedürfnisse zu sprechen!

Wir leben mit Menschen zusammen und wir lieben sie auch deswegen, *weil* sie uns etwas geben – und wir ihnen. Weil sie uns gut tun, weil sie uns brauchen – und wir sie. Das heißt: Erwartungen gehören dazu, sie sind ein wichtiger Bestandteil unserer engen Beziehungen. Ebenso gehört dazu, dass wir manchmal gekränkt sind, weil unsere Erwartungen enttäuscht werden – aus unterschiedlichen Gründen: weil der andere sie nicht wahrnimmt, nicht ernst nimmt, sie nicht versteht, sich ihnen nicht beugen möchte ...

Wenn es aber dazu gehört, dass wir hin und wieder aus dem Höhenflug unserer Hoffnungen und Träume abstürzen, dann können wir durch offenes Miteinander-Reden wenigstens dafür sorgen, dass wir einigermaßen weich fallen und uns nicht jede Menge blaue Flecken oder schlimmere Blessuren bei diesem Absturz holen. Das Gebot Jesu: »Liebe deinen Nächsten wie dich selbst«, bedeutet unter anderem auch: »Behandle ihn mit der Achtung, mit der du dich selbst behandelst und vom anderen behandelt werden möchtest.« Das schließt ein, sich über die gegenseitigen Erwartungen auszutauschen – mit dem Ziel, einander besser zu verstehen anstatt zu verletzen.

Doch zu einem Gespräch gehören mindestens zwei. Was tun, wenn eine Seite nicht bereit ist, sich auf dieses Gespräch über die jeweiligen Wünsche und Erwartungen einzulassen? Was tun, wenn man an unseren Erwartungen nicht oder nicht mehr interessiert ist? Was tun, wenn die andere Seite auf das, was wir sagen, nur mit Achselzucken und Missachtung reagiert, anstatt uns ernst zu nehmen und zu respektieren?

In all diesen Fällen bleibt uns nichts anderes übrig, als uns selbst zu fragen: »Habe ich den richtigen Zeitpunkt und Ton getroffen? Ist meine Erwartung wirklich berechtigt? Nehme ich auch die Situation, die Persönlichkeit und die Rechte des anderen wahr? Warum meine ich, der andere müsste sich so verhalten, wie ich es gern hätte? Warum gehe ich davon aus, auf dieses oder jenes ein Recht zu haben?« Dabei ist es oft hilfreich, eine neutrale und unvoreingenommene dritte Person zu Rate zu ziehen, von der wir wissen, dass sie uns eine ehrliche Rückmeldung gibt.

Hier ein Beispiel für Erwartungen, die von der Gegenseite enttäuscht werden können: Einer erwachsenen Frau wird im Lauf eines Streits mit ihrer Mutter klar, dass sie sich ihr Leben lang von ihrer Mutter zu wenig gelobt fühlte. Sie erkennt, wie gering ihr Selbstwertgefühl ist, und sieht einen Zusammenhang zwischen ihren Selbstzweifeln und der fehlenden Anerkennung durch die Mutter. Groll und Bitterkeit erwachen in ihr; sie hat das Gefühl, dass die Mutter ihr etwas ganz Wesentliches schuldig geblieben ist.

Bevor die Tochter diese Gedanken der Mutter mitteilt, würde ich ihr empfehlen, sich genau zu überlegen, ob die Mutter dem Inhalt gewachsen ist und mit einer derart massiven Kritik umzugehen weiß. Sollte die Tochter zu der Erkenntnis kommen, dass ein klärendes Gespräch mit der Mutter nichts bringt, dann könnte sie das Gespräch mit sich selbst oder einer dritten Person suchen. Sie muss sich überlegen: »Auch wenn mein Bedürfnis nach Anerkennung berechtigt ist – mit welchem Recht erwarte ich von meiner Mutter, sie hätte es befriedigen müssen? Gibt es einklagbare seelische Rechte der Kinder gegenüber ihren Eltern? Ist es stattdessen nicht ein Geschenk, wenn Eltern ihren Kindern ein gutes Selbstwertgefühl mitgeben können? Außerdem: Hat meine Mutter denn selbst dieses Selbstwertgefühl besessen oder erworben? Konnte – und kann – sie ihre guten Seiten an sich wahrnehmen und schätzen? Oder war sie selbst ein ‚verletztes Kind' und konnte mir deshalb als Mutter manches nicht geben, weil sie es selbst nie bekommen hat? Hat sie mir dafür aber nicht anderes vermittelt, worin sie stark war und wovon ich heute profitiere? Darüber hinaus: Kann ich nicht selbst heute etwas dafür tun, damit sich diese Wunde schließt?«

Solche und ähnliche Überlegungen löschen den Schmerz über

das Nie-Bekommene nicht aus, doch sie eröffnen eine Perspektive, die uns über ihn hinaussehen und hinauswachsen lässt: Wir bleiben nicht beim Schmerz und Vorwurf stehen.

Diese Perspektive beinhaltet allerdings nicht, wie bereits erläutert, dass wir uns dem verletzenden Verhalten weiterhin beugen oder aussetzen müssen. Im geschilderten Fall sollte die Tochter sich vornehmen, auf künftige Kritik ihrer Mutter nicht mit Aggression oder unterdrückter Wut zu reagieren (»Natürlich, sie kann ja nur kritisieren!«), sondern bestimmt zu sagen: »Mutter, dieses Urteil steht dir nicht zu. Ich möchte nicht, dass du mich ungefragt kritisierst – ich tue es bei dir auch nicht.« Sollte die Mutter diesen Wunsch notorisch missachten, obwohl sie geistig noch in der Lage ist, ihn zu verstehen, dann darf das Verzeihen wiederum mit Selbstschutz gekoppelt werden, das heißt: innerem oder äußerem Abstand.

Eine Frau hat diesen Prozess mir gegenüber einmal in folgende Worte gefasst: »Wissen Sie, ich habe meinem Vater die Verletzungen vergeben, die er mir zugefügt hat. Aber ich muss, im Bild gesprochen, die Gartentür zwischen uns zulassen, denn sobald ich sie aufmache, kommt er mir zu nahe und verletzt mich wieder. Es tut mir Leid und ich hätte es gerne anders, aber er lässt mir keine andere Wahl.« Durch den anschaulichen Vergleich mit der Gartentür machte die Frau deutlich, dass ihre Seele als Schutz eine Grenze in der Beziehung zu ihrem Vater braucht, damit die verheilten Wunden nicht immer wieder aufgerissen werden oder aufbrechen. Hat diese Frau Recht? Auf jeden Fall.

Menschen verletzen uns, weil sie sich nicht in uns einfühlen

Einfühlung ist die Fähigkeit, vom anderen her zu denken. Einfühlung bedeutet: Ich versuche mich in mein Gegenüber hineinzuversetzen, sozusagen in seine Haut zu schlüpfen. Ich versuche mir vorzustellen, wie der andere wohl versteht, was ich sage oder tue, wie es in ihm aussieht, wie er empfindet. Ich versuche, die Sache »von ihm her« zu sehen: »Wie ist das für dich, wenn ich mich so verhalte? Was fühlst du, wenn ich dich so behandle? Was für Gedanken oder Erinnerungen, was für Ängste oder Aggressionen löse ich in dir aus, wenn ich so etwas zu dir sage?« – *»Gerade das Fehlen dieser Fähigkeit ist jedoch der Grund für die meisten von Menschen verursachten Verletzungen.«*[9]

Es können ganz harmlose Dinge sein, die uns kränken: Ein verheirateter älterer Mann bekommt eines Tages Post von einem ehemaligen Nachbarskind. Sie hatten sich jahrzehntelang aus den Augen verloren, und der einstige Spielkamerad spricht ihn brieflich mit einem Kosenamen an, mit dem der Briefempfänger als Kind von seiner Mutter gerufen wurde. Als seine Ehefrau den Brief liest und spielerisch auch diesen Namen für ihren Mann benutzt, reagiert dieser aggressiv: »Ich habe es nie leiden können, wenn meine Mutter mich so gerufen hat, nenn' mich ja nicht bei diesem Namen!« Die Ehefrau könnte nun beleidigt oder ebenfalls aggressiv reagieren: »Woher soll *ich* das wissen, sei doch nicht gleich so wütend!« Sie könnte sich aber auch in ihren Mann einfühlen und sich fragen: »Was denkt oder fühlt er wohl, wenn er diesen Namen hört? Was für Erinnerungen an seine Mutter und die schwierige Beziehung zu ihr werden dabei wieder wach?« Ihre Reaktion auf den barschen Anpfiff ihres Mannes würde dann möglicherweise anders ausfallen: »Entschuldigung, ich habe nicht gewusst, dass dir dieser Name so unangenehm ist. Verbindest du schlechte Erinnerungen damit?«

Diese Antwort wäre einfühlsam, und sie hätte gleich mehrere Vorteile:

- ▷ Ihr Mann würde sich respektiert fühlen und wäre möglicherweise bereit, mehr über seine Erinnerungen zu erzählen.
- ▷ Es käme zu keinem ärgerlichen oder aggressiven Wortwechsel zwischen den beiden, der sich unter Umständen zu einem handfesten Streit entwickelt.
- ▷ Die Ehefrau selbst wäre nicht so persönlich getroffen, da sie versucht hätte, ihren Ehemann zu verstehen.

[9] Cornelia Faulde, Wenn frühe Wunden schmerzen, Mainz 2002, S. 125.

Allerdings macht dieses einfache Beispiel auch deutlich:

- ▷ Einfühlung verlangt Besonnenheit. Ich darf nicht sofort reagieren (nach der Devise »Wie du mir, so ich dir!«), sondern muss stattdessen eine Denkpause einschieben, in der ich versuche, den anderen zu verstehen. Wer sich eine solche Denkpause nicht erlaubt, weil er meint, sofort zurückschlagen zu müssen, wird nicht einfühlsam reagieren können.
- ▷ Einfühlung verlangt die Fähigkeit, von sich abzusehen. Ich darf nicht bei mir und meiner Betroffenheit, meinem momentanen Schmerz und Gekränktsein stehen bleiben. Ich muss lernen, diesen Schmerz sozusagen vorübergehend an die Seite zu stellen und mich seelisch auf den anderen zu konzentrieren, damit es nicht zum Schlagabtausch kommt, bei dem am Ende beide die Verlierer sind: Der eine fühlt sich nicht verstanden, und der andere fühlt sich ungerecht behandelt.
- ▷ Einfühlung setzt Achtung voraus. Ich werde mich nur bemühen, einen Menschen zu verstehen, wenn ich Achtung vor ihm habe.
- ▷ Einfühlung verlangt Interesse am anderen. Warum sollte ich mich in jemanden einfühlen, der mir vollkommen gleichgültig ist? Wenn ich mich nicht im geringsten für ihn interessiere, interessieren mich natürlich auch die Beweggründe für sein Verhalten nicht. – Das ist eine der Ursachen, weshalb man sich mit Fremden oft besonders leicht in die Wolle bekommt.
- ▷ Einfühlung erfordert Selbstbewusstsein. Ich kann es mir leisten, auch die andere Seite anzuschauen, ohne mich sofort dadurch in der eigenen Position bedroht zu fühlen.

Ein anderes Beispiel für fehlende Einfühlung im Alltag: Zwei junge Männer rangieren an einer schmalen Stelle einer Parkplatzzufahrt neben einem Ausflugslokal mit ihrem großen Wagen herum und zwingen ein wegfahrendes und ein herankommendes Auto zum Warten. Das scheint sie nicht zu kümmern. Der Fahrer des wegfahrenden Wagens kurvt schließlich etwas riskant an ihnen vorbei, und die Beifahrerin schreit wütend heraus: »Was machen Sie denn da!?« Auch wenn ihr Ärger berechtigt ist, weil die beiden rücksichtslos die Straße blockieren, zeugt ihr Verhalten ebenfalls von mangelnder Einfühlung – schließlich ist es offensichtlich, dass es keine andere Parkmöglichkeit mehr gibt und sich die beiden Männer immerhin abmühen, an dieser Stelle möglichst nah am Straßenrand zu parken. Die beiden Männer wiederum, erbost über die aggressive Reaktion der Frau, brüllen ebenso wütend zurück: »Wir parken!! Wir parken!!«

Eine kurze Szene, wie sie tagtäglich unzählige Male zwischen Autofahrern vorkommt – und doch war mir als Beifahrerin des ebenfalls wartenden zweiten Wagens und als Beobachterin der Situation klar: Mit ein wenig Einfühlung wäre die Kommunikation anders gelaufen. Hätten die jungen Männer die Insassen der beiden wartenden Autos mit Worten oder Handzeichen um Entschuldigung oder etwas Geduld gebeten, dann hätten diese daraufhin wahrscheinlich gelassener reagiert.

Einfühlung hat also drei Seiten: Zum einen kann sie viele Verletzungen verhindern, weil der »Sender« sich rechtzeitig überlegt, welche Wirkung eigene Worte oder Taten beim anderen haben könnten. Zum anderen kann sie die Tiefe einer Verletzung beträchtlich verringern, weil der »Empfänger« dank seiner Einfühlsamkeit viele Signale oder Äußerungen besser einordnen kann, so dass er sie nicht so schnell als persönlichen Angriff empfindet. Zum dritten verhindert Einfühlung, dass Verletzung mit Gegenverletzung beantwortet wird.

Wenn Jesus sagt: *»Liebet eure Feinde«* (Matthäus 5,44), dann ist damit nicht gemeint, dass man diese Feinde sympathisch finden und von Herzen gern haben soll. Es ist keine Liebe im Sinne eines »guten Gefühls« für den anderen gemeint, denn eine solche Liebe lässt sich nicht verordnen. Gemeint ist vielmehr eine *Haltung* dem »Feind« gegenüber, die man folgendermaßen beschreiben könnte: »Versuche, dich in den anderen hineinzuversetzen; versuche, selbstständig zu denken und nicht nur zu re-agieren – und du wirst fähig sein, Böses nicht mit Bösem zu vergelten.« – Du wirst fähig sein, aus dem Teufelskreis von Gewalt und Gegengewalt, von Schuld und Rache, von Aktion und Reaktion auszubrechen. Dies ist die einzige

Chance, dass es in einem Konflikt, er sei klein oder groß, zum Frieden kommt – oder wenigstens zu einem Ende der Gewalt.

Jesus selbst hat Feindesliebe und Einfühlung praktiziert, als er am Kreuz rief: *»Vater, vergib ihnen, denn sie wissen nicht, was sie tun«* (Lukas 23,34). Menschlich und verständlich wäre es gewesen, er hätte, wie es in vielen Psalmen geschieht, gerufen: »Allmächtiger Gott, bestrafe meine Feinde und vergelte ihnen tausendmal das Schreckliche, das sie mir antun!« Doch Jesus liebt auch in diesen schwersten Stunden seines kurzen Lebens: Er fühlt sich ein in die römischen Soldaten und jüdischen Eiferer, die für seinen grausamen Tod verantwortlich sind. *»... denn sie wissen nicht, was sie tun«* bedeutet darum: »Ihnen ist nicht im vollen Ausmaß klar, welche Schuld sie auf sich laden.«

Einfühlung – das Fachwort dafür heißt »Empathie« – ist die Mutter aller glücklichen und friedvollen Beziehungen. Wo Menschen einander verstehen und einander ernsthaft zu verstehen versuchen, da kommt es weitaus seltener zu Kränkungen, Konflikten und Missverständnissen. Und falls es doch dazu kommt, so werden sie schnell geklärt und ausgeräumt, so dass die Beziehungsstörung sich nicht immer mehr ausweitet. Denn wer gelernt hat, sich einzufühlen, verzichtet auf Rechthaberei und einseitige Schuldzuweisung. Wer sich einfühlt, weiß: Zu einem Missverständnis gehören meistens zwei. An einem Konflikt ist selten einer allein schuld. Wenn der andere mich verletzt, besteht immer die Möglichkeit, dass ich ihn meinerseits schon gekränkt habe, ohne es zu merken.

Wer sich einfühlt, weiß: Wenn ich Probleme mit einem anderen Menschen habe, kann ich nicht von vornherein wie Pilatus meine Hände in Unschuld waschen: »An mir liegt es nicht! Du bist schuld, nur du!« Das wäre selbstgerecht. Selbstgerechtigkeit und Einfühlung aber schließen sich grundsätzlich aus.

Einfühlungsvermögen in unserer Gesellschaft

Lassen Sie mich eine spannende Frage stellen: Gibt es nach Ihrer ganz persönlichen Erfahrung viele Menschen, die Sie als einfühlsam bezeichnen würden? Denken Sie an Ihre Familienangehörigen, Freunde, Bekannten, Arbeitskollegen, aber auch an die zahlreichen täglichen Kontakte und Begegnungen mit Fremden, sei es im Verkehr, in Geschäften, in sonstigen öffentlichen Einrichtungen oder bei Veranstaltungen. Sind wir ein Volk, das einfühlsam miteinander umgeht? Die meisten Leser werden an dieser Stelle hörbar aufseufzen: »Schön wär's!« – »Von wegen!« – »Ich wünschte, ich könnte Ja sagen ...!«

Woran zeigt sich die Bereitschaft, sich in einen anderen einzufühlen? Meines Erachtens am Grad der Höflichkeit und gegenseitigen Rücksichtnahme. Wie sieht es damit hierzulande aus? Eher bescheiden. Nicht zufällig redet man von der »Ellbogen-Gesellschaft«: Jeder ist sich selbst der Nächste. Wer aber egoistisch immer nur fragt: »Was will *ich*, was brauche *ich*, was tut *mir* gut?«, kann unmöglich gleichzeitig auch das Wohl des anderen im Auge haben und darauf achten, dass der andere nicht zu kurz kommt.

Doch Gott sei Dank gibt es sie noch – Hilfsbereitschaft, Höflichkeit, Rücksichtnahme. Allerdings haben viele Menschen das Gefühl, dass diese Tugenden zunehmend seltener werden. Das bedeutet aber auch: Einfühlung ist keine der Eigenschaften, auf die in der Erziehung großen Wert gelegt wird. Einfühlung wird immer weniger gelernt – möglicherweise auch immer weniger vorgelebt. Ein Beispiel: Mitarbeiter der Bahnhofsmission erzählten mir, dass die Menschen nach wie vor behilflich sind, wenn gebrechliche oder behinderte Mitreisende sie darum bitten, beispielsweise mit den Worten: »Könnten Sie mir bitte die Wagentüre aufhalten und dann den Koffer hochreichen, wenn ich einsteige?« Kaum jemand verweigert sich einer solchen Anfrage. Nur: Die Menschen kommen nicht *von sich aus* auf die Idee, ihnen beizustehen. Man muss sie ausdrücklich bitten – von allein sehen sie die Not des anderen nicht oder denken nicht daran, wie froh dieser Mensch jetzt über eine kleine Hilfestellung wäre. Jeder ist so mit sich beschäftigt, so wenig darin geübt, vom anderen her zu denken, dass viel tätige Nächstenliebe dadurch auf der Strecke bleibt – sicher oft nicht aus Egoismus oder Herzlosigkeit, sondern aus purer Gedankenlosigkeit.

Wer sich einfühlt, denkt mit und fühlt mit. Er stellt sich die Frage: »Wie wäre mir an Stelle des anderen zumute? Wie würde es mir in seiner Lage gehen?« Eine Altenpflege-Schülerin schrieb im Religionsunterricht: *»Immer wenn ich anderen Menschen erzähle, was ich arbeite, bekomme ich zu hören: ‚Das könnte ich nicht!' Aber niemand interessiert sich wirklich für meine Arbeit und dafür, warum ich sie tue. Das enttäuscht mich sehr!«* Der spontane Kommentar, den die junge Frau angesichts ihrer Arbeit zu hören bekommt, zeugt von Widerwillen und Desinteresse, aber nicht von Einfühlung.

Einfühlsam wäre es, zu sagen: »Ich bewundere dich, dass du solch einen Beruf lernst. Ist es nicht unheimlich schwer, mit alten Menschen zu arbeiten? Ich glaube, ich hätte dabei Schwierigkeiten.« Mit dieser Frage würde man echtes Interesse signalisieren – und den Wunsch, die junge Frau in ihrer Berufswahl zu verstehen. Sicher würde sie bereitwillig Auskunft geben.

Doch die Frage ist: Warum vermitteln Eltern ihren Kindern nicht – oder nicht in ausreichendem Maße –, dass es für das Zusammenleben von Menschen ganz entscheidend ist, nicht nur an sich und von sich her zu denken, sondern genauso das Wohl und die Bedürfnisse des anderen zu berücksichtigen? Warum antworten Eltern auf die Frage: »Welche Erziehungsziele haben Sie?« häufig: »Mein Kind soll sich durchsetzen können und sich behaupten im Leben«? Warum sagen sie nicht genauso häufig: »... und es soll lernen, andere Menschen zu achten und mit ihnen einfühlsam und rücksichtsvoll umzugehen«?

Viele Eltern sind heute der Überzeugung, um den Herausforderungen des Lebens gewachsen zu sein, seien vor allem Durchsetzungsvermögen und Selbstbehauptung notwendig. Sie sehen nicht, in welch hohem Maß die Bewältigung des Lebens davon abhängt, dass die *Beziehungen* harmonisch sind, in denen wir leben oder in denen wir uns, beispielsweise am Arbeitsplatz, für einen Teil des Lebens zurechtfinden müssen. In Beziehungen führt Durchsetzungsvermögen und Selbstbehauptung allein nur zum Kampf aller gegen alle bzw. zu Rivalität und Machtkonflikten: »Wer ist der Stärkere? Wer sitzt am längeren Hebel? Wer siegt?« Doch Ehen,

Freundschaften, Nachbarschaften, Gruppen, Teams funktionieren alle nur, wenn die Beteiligten lernen, aufeinander zu hören, voneinander zu lernen, sich gegenseitig ernst zu nehmen und einander zu achten. Unsere Gesellschaft jedoch, der Sport, die Massenmedien feiern in der Regel den ehrgeizigen Einzelkämpfer, der sich gegen alle anderen durchsetzt und sie hinter sich lässt – koste es, was es wolle.

Eine weitere mögliche Ursache für die fehlende Erziehung zur Empathie ist, dass die Eltern heute ihrerseits keine einfühlsamen Eltern hatten. Sie geben sozusagen ihren eigenen Erziehungs- und Charaktermangel ungebremst an die nächste Generation weiter. Wer nicht merkt, dass ihm selbst etwas fehlt, wird sich auch nicht darum bemühen, das Versäumte oder Fehlende nachzuholen oder nachzulernen. In der Tat müssen Menschen oft sehr lange leben und sehr Schweres erleben, um an einen Punkt zu kommen, an dem sie sich der Defizite und Mängel ihrer eigenen Persönlichkeit bewusst werden. Ich denke an einen Vater, dessen eigener Vater weinte, wenn er seine Kinder zu etwas bringen wollte, was sie aus freien Stücken nicht taten. Er benutzte seine Tränen als Druckmittel. Der Sohn entwickelte einen solchen Hass gegen Tränen, dass er Jahre später bei seinen eigenen Söhnen voller Wut reagierte, wenn diese – auch als sie noch klein waren – aus irgendeinem Grund weinten. Sie mussten lernen, ihre Tränen zu unterdrücken oder heimlich zu weinen. Erst als dieser Vater mit einem seiner Kinder im Jugendalter große Probleme bekam, begann er, auch die Fehler in seinem eigenen Verhalten zu sehen. Er erkannte, dass er seinen unverarbeiteten Hass auf die Tränen des eigenen Vaters ungefiltert an die Söhne weitergegeben hatte.

»Was du verdrängst, müssen immer andere büßen« – vor allem Schwächere, und das sind Kinder allemal. Anders gesagt: In der Regel gehen Menschen umso einfühlsamer und verständnisvoller mit anderen um, je mehr sie sich selbst erkennen und annehmen und zu ihren eigenen Gefühlen einen guten Draht haben. Damit meine ich: Sie nehmen sich selbst wahr und können sich deshalb auch vorstellen, welche inneren Prozesse bei *anderen* Menschen in entsprechenden Situationen ablaufen. Doch dieser einfühlsame Umgang mit sich selbst muss, wenn er von den Eltern oder anderen Bezugspersonen nicht gefördert und vorgelebt wurde, im Erwachsenenalter mühsam gelernt werden. Das wird nur dann der Fall sein, wenn man darin ein wichtiges Ziel für die eigene Lebens- und Beziehungsqualität erkennt.

Eine letzte Frage: Ist die Fähigkeit zur Einfühlung Ihrer Meinung nach ein besonderes Talent, oder ist sie etwas, wozu grundsätzlich alle Menschen in der Lage sind? Die Forscher sind sich heute einig, dass die Fähigkeit zur Empathie in *jedem* Menschen angelegt ist, so wie die Fähigkeit, sprechen zu lernen. Doch es bedarf der Vorbilder, damit diese Fähigkeiten gefördert und entwickelt werden. Jemand muss mit einem Kind sprechen, damit es sprechen lernt. Jemand muss ein Kind trösten, wenn es weint, damit es später andere trösten kann. Jemand muss einem Kind zuhören, wenn es etwas erzählen will, damit es lernt, auch anderen zuzuhören, wenn sie etwas sagen möchten. Jemand muss ein Kind fragen, warum es Angst hat oder traurig ist, damit das Kind lernt, sich liebevoll in sich selbst einzufühlen und dieses Mitgefühl auch anderen gegenüber zu praktizieren. Auch müssen Erwachsene hin und wieder ihrem Kind die eigene seelische oder körperliche Befindlichkeit freundlich mitteilen, damit das Kind lernt, von sich abzusehen und auch die Bedürfnisse der Eltern zu respektieren: »Die Mama muss jetzt ein bisschen ausruhen, weil sie müde ist.« Oder bei einem schon älteren Kind: »Es ärgert mich, dass du immer dazwischenredest, wenn ich telefoniere!« Die Einfühlung der Eltern in die Kinder darf keine Einbahnstraße sein, sondern muss von diesen nach und nach auch selbst geübt werden! Denn die Erziehung zur Empathie hat in allen Lebensbereichen große Vorteile:

▷ Einfühlsame Menschen sind weniger in Gefahr, andere zu verletzen, ohne es zu merken.
▷ Einfühlsame Menschen können ein Missverständnis oder einen sich anbahnenden Konflikt leichter entschärfen, weil sie auf den anderen eingehen statt einschlagen.

- ▷ Einfühlsame Menschen können sich, wenn sie jemanden verletzt haben, eher entschuldigen, weil sie die Gefühle des anderen verstehen und respektieren, auch wenn sie selbst anders empfinden würden.
- ▷ Einfühlsame Menschen sind weniger in Gefahr, selbst verletzt zu werden, weil sie das, was von anderen kommt, eher »richtig einordnen« und nachvollziehen können.

Menschen verletzen uns, weil sie auf ihren Vorteil bedacht sind

Es hört sich schockierend an – aber wir Menschen denken in der Regel zuallererst an uns selbst: »Was will ich? Was brauche ich? Was tut mir gut? Was will ich nicht aufgeben, hergeben, verlieren?« Man darf diese Sorge um sich selbst nicht gleich als Egoismus verteufeln, sondern muss sich klar machen, dass es zu unserer natürlichen biologischen Veranlagung gehört, auf uns selbst und unser Wohlergehen zu achten. Denn wer, wenn nicht wir selbst, sollte dies tun? Als Kinder leben wir noch nicht auf eigene Verantwortung, sondern können uns – im besten Fall – darauf verlassen, dass unsere Eltern um unser Wohl besorgt sind. Doch auch »kleine Kinder sind große Egoisten« – sie fangen früh an, an sich zu denken. Man muss ihnen das nicht beibringen, es ist ein Teil von ihnen: Sie geben Spielsachen nicht freiwillig her; sie wollen nicht ohne weiteres teilen; sie wollen sich durchsetzen, wenn nötig mit Gewalt; sie reagieren eifersüchtig, wenn der andere – zum Beispiel das Geschwister – scheinbar bevorzugt wird oder besser wegkommt ...

Man kann sagen: Die Sorge um das eigene Wohl ist häufig verknüpft mit der Angst, zu kurz zu kommen. Und je mehr wir heranwachsen und lernen, in eigener Verantwortung zu leben, umso mehr erkennen wir: Wir können nicht von der Gesellschaft oder »den anderen« erwarten, dass sie an uns denken und für uns sorgen – das müssen wir schon selbst tun. Doch so richtig und wichtig dieser Gedanke ist, er sollte nicht der einzige Grundsatz sein, der unser Handeln bestimmt. Wenn das nämlich der Fall wäre, dann würde aus dem Zusammenleben mit anderen Menschen ein Kampf von jedem gegen jeden.

Als Gegengewicht zum puren Eigennutz ist deshalb ein weiterer Grundsatz wichtig, nämlich: »Ich will auch das Wohl des Nächsten respektieren und seine Bedürfnisse nicht missachten.« Fehlt diese Einstellung, so wird aus der notwendigen und berechtigten Sorge für sich selbst nur allzu schnell tatsächlich blanker Egoismus: »Mich interessieren einzig mein Wohl und mein Vorteil. Wie es dem anderen dabei geht, ist sein Problem.« Genau hier ist die Schwelle, an der aus gesunder Selbstliebe pure Selbstsucht wird, weil das Gegengewicht der Nächstenliebe fehlt.

Wieder einmal weist uns das von Jesus zitierte Gebot *»Liebe deinen Nächsten wie dich selbst«* (Matthäus 22,39) den Weg. Heißt es doch in diesem Gebot nicht: »... mehr als dich selbst« und auch nicht »... weniger als dich selbst«, sondern »... *wie* dich selbst«! Es ist also notwendig, dass wir die Spannung im Auge behalten und aushalten: »Mein Wohl ist nicht dein Wohl. Aber mein Wohl sollte auch nicht dein Schaden sein. Wenn mein Vorteil auf deine Kosten geht, muss ich mir Gedanken machen, ob es recht und gerecht ist, was ich tue.«

Problematisch wird es immer dann, wenn Menschen um des eigenen Vorteils willen ganz bewusst in Kauf nehmen, dass andere Personen Nachteile haben. Doch was heißt »ganz bewusst«? Ganz bewusst würde bedeuten: Es ist ihnen in dem Moment, in dem sie »für sich sorgen«, vollkommen klar, dass ihr Handeln eigentlich ungerecht und unfair ist und auf Kosten des anderen geht. Was tun wir zum Beispiel, wenn wir einen gut gefüllten Geldbeutel finden? Falls wir ihn abgeben, müssen wir auf eine willkommene persönliche Bereicherung verzichten. Wir setzen in diesem Fall das Wohl des Besitzers über unseren eigenen Vorteil, nämlich das Glück des Finders. Noch dramatischer wird die Entscheidung, wenn wir ein fremdes Auto aus Versehen beschädigen und uns ganz bewusst nicht um den Schaden kümmern, sondern davonfahren. In diesem Fall hat der Besitzer des beschädigten Wagens allen Grund, wütend und verletzt zu sein.

Es gibt unzählige Beispiele, wo Menschen es in Kauf nehmen, andere zu schädigen, um ihr eigenes Glück oder ihren eigenen Vorteil bzw. Wohlstand zu mehren. Nur ein Bruchteil davon landet bei unseren Gerichten, das meiste spielt sich im zwischenmenschlichen Bereich ab und lässt sich nicht per Klage wieder gutmachen. Ich denke hier zum Beispiel an den Fall, dass ein Mann oder eine Frau in eine Ehe einbricht, weil er/sie sich in einen der Partner verliebt und diesen »für sich« haben will. Ich habe noch nie erlebt, dass der verlassene oder betrogene Partner dies nicht als tiefe Verletzung erlebt, und zwar sowohl von Seiten seines untreuen Partners als auch von Seiten des »Eindringlings«, der so wenig Achtung vor einer bestehenden Verbindung zeigt. Oft reagieren die betrogenen Ehegatten sogar mit noch größerem Hass auf den Nebenbuhler als auf den eigenen Lebensgefährten, obwohl genau genommen dieser mindestens genauso viel, wenn nicht noch mehr Verantwortung für seine Untreue hat wie derjenige, der ihn dazu verführte.

Auch in Erbangelegenheiten bricht häufig schon zu Lebzeiten des Erblassers bei einem oder mehreren der Erbberechtigten eine heimliche Habgier aus, die sie alle Regeln der Ehrlichkeit, der Fairness und der Gerechtigkeit missachten lässt – um nur ja selbst möglichst viel vom »Erbkuchen« abzubekommen. Dass dabei andere, ebenso Erbberechtigte geschädigt werden, nehmen diese Personen billigend in Kauf – oder denken einfach nicht darüber nach.

Die Gedankenlosigkeit anderer Menschen wird von vielen, die verletzt wurden, leicht unterschätzt. Wir neigen dazu, anderen zu unterstellen: »Worüber ich viel nachdenke, darüber denkst auch du viel nach.« Wenn uns ein Wort oder das Verhalten eines anderen Menschen sehr trifft, dann gehen wir davon aus, dass diese Person uns mit Absicht treffen wollte. Wenn wir etwas sehr ernst nehmen, glauben wir, dass der andere es auch sehr ernst gemeint hat. Vor allem bei uns nahe stehenden Menschen und bei Menschen, die wir für klug und gebildet halten, neigen wir dazu, anzunehmen, dass sie sich jedes ihrer Worte und jede ihrer Taten gut überlegt haben.

Doch für alle Menschen gilt: Immer dann, wenn wir sehr mit uns selbst beschäftigt sind, sei es mit unseren Aufgaben, Plänen, Problemen oder Gefühlen, geraten die Menschen um uns herum leicht aus dem Blickfeld – ganz egal, wie sehr wir sie lieben oder wie wohlerzogen und intelligent wir sind. Es ist, wie wenn Sie mit Ihren Augen etwas fixieren: Sie sehen dieses eine Objekt – beispielsweise die Blumenvase auf dem Tisch vor Ihnen – ganz scharf, aber alles andere davor, dahinter oder seitlich wird nur undeutlich wahrgenommen. Genau so arbeitet auch unser Geist: Wenn er sich auf eine Sache konzentriert, rückt alles andere in den Hintergrund. Wem ist es beispielsweise nicht schon passiert, dass er mit seinem Auto auf einem Parkplatz herumirrt, nur von dem Gedanken beseelt, doch möglichst bald eine Parkmöglichkeit zu finden. Da fährt ein Wagen direkt vor uns heraus. Ein Geschenk des Himmels – und schwupp, sind wir auf seinem Platz. Leider haben wir ganz und gar das Auto übersehen, das schon brav wartete und dessen Fahrer uns jetzt wild fuchtelnd beschimpft. Wir waren so auf unser Ziel fixiert, dass wir nicht mehr wahrgenommen haben, was um uns herum passierte.

Doch es müssen nicht unbedingt die Gier oder das Habenwollen sein, die uns so »gedankenlos« gegenüber anderen werden lassen. Es kann auch die Konzentration auf ein Problem sein, das uns derart in Beschlag nimmt, dass die gesamte Umwelt wie hinter einer Nebelwand verschwimmt. In solch einem Zustand sind wir nicht nur anderen Menschen gegenüber unachtsam und unaufmerksam, sondern auch unserer dinglichen Umwelt gegenüber – wir vergessen, den Herd abzuschalten, lassen die Scheinwerfer am Auto brennen oder wissen nicht mehr, wo wir gerade etwas hingelegt haben. Wir sind geistig abwesend. Das gilt auch für Kranke. Kranke konzentrieren ihre Gedanken und Gefühle sehr stark auf sich und ihre Krankheit, und sie merken deshalb oft nicht, wie sehr sie ihre Umgebung belasten.

Der springende Punkt ist, dass wir in all diesen Fällen dazu neigen, ein verletzendes Verhalten uns gegenüber als bewusst und vorsätzlich einzustufen. Tatsächlich ist es jedoch nur einfach *gedankenlos*! Natürlich kann man sich immer auf den Standpunkt stellen: »Wenn du mich liebst, wenn ich dir wichtig bin, dann denkst du auch an mich und achtest auf meine Bedürfnisse!«, doch der andere kann den Spieß genauso auch umdrehen und sagen: »Und wenn du mich liebst und dich in mich einfühlst, dann weißt du auch, wie es in mir aussieht und dass ich dich nicht aus Bosheit und mit Absicht verletzen wollte!« Die Frage ist immer: Verlangt man Einfühlung und Verständnis nur vom anderen oder beginnt man selbst damit?

Was wäre der Vorteil, wenn man anstatt von Vorsatz lieber von Unabsichtlichkeit ausgehen würde? Keine Frage: Wir verzeihen leichter, wenn wir glauben, dass es der andere nicht so gemeint hat, dass keine böse Absicht dahinter stand. Aber nichts tut so weh wie eine Kugel, von der wir meinen, dass sie gezielt auf uns abgefeuert wurde. Ein Beispiel für eine unabsichtliche Kränkung: Eine Frau erzählte mir, sie habe eine Bekannte angerufen und dieser nebenbei erzählt, dass sie vor kurzem ihr siebtes Enkelkind bekommen hätte. Darauf folgte am anderen Ende der Leitung tiefes Schweigen. Kein »Ach, das ist aber schön für euch!«, nichts, kein Wort. Die Frau war irritiert, doch plötzlich fiel ihr ein: Ihre Bekannte hatte nur ein einziges Enkelkind gehabt, das vor einigen Jahren an Krebs gestorben war.

Nehmen wir an, diese Bekannte war einfach betroffen, weil sie diese Nachricht an ihren eigenen bitteren Verlust des Enkels erinnerte. Das wäre verständlich und würde vorübergehen, zumal von keiner bösen Absicht der Anruferin auszugehen ist. Aber was, wenn sie der siebenfachen Großmutter unterstellen würde: »Das hat sie nur gesagt, um mich zu treffen! Sie weiß doch ganz genau, was sie mit solchen Worten bei mir auslöst!«? Dann wäre sie tief verletzt, was die Beziehung der beiden Frauen belasten würde, sofern die Sache nicht ausgesprochen und geklärt wird.

Wann immer uns die Worte oder Taten einer anderen Person verletzen, sollten wir uns deswegen die Frage stellen: »War oder ist sie sich darüber im Klaren, dass sie mich verletzt? Weiß sie, dass sie mich an einem wunden Punkt trifft?« Sehr häufig werden wir zu dem Ergebnis kommen: »Wahrscheinlich nicht. Wahrscheinlich merkt sie gar nicht, wie tief mich trifft, was sie da gesagt oder getan hat. Vermutlich wäre sie überrascht und erschrocken, wenn sie es wüsste.«

Das soll keine Entschuldigung für den Verletzer sein – sondern eine Entlastung für uns. Wir nehmen der Angelegenheit ihr Gewicht, wenn wir uns sagen: »Wahrscheinlich hat er/sie nicht nachgedacht. Wahrscheinlich war er/sie mit dem Kopf woanders. Wahrscheinlich hat er/sie nur von sich her gedacht, aber nicht von mir her. Tja, er/sie ist halt ziemlich angespannt momentan.« Wohlgemerkt – wir müssen so nicht denken. Wir können auch grundsätzlich bei allem, was uns nicht gefällt, was uns irritiert, ärgert, enttäuscht oder kränkt, vom schlimmsten Fall ausgehen: »Der weiß doch ganz genau, was er tut! Das ist doch alles mit Bewusstheit, wohl gezielt und wohl überlegt!« Mit dieser Annahme können wir jede Beziehung in kürzester Zeit ruinieren – weil wir dem anderen kein falsches Wort, keine Vergesslichkeit, keine Unüberlegtheit oder schlichte Dussligkeit durchgehen lassen.

Die Annahme: »Menschen sind oft gedankenlos – ich auch« hat viele Vorteile:

- ▷ Wir sind nicht so unvorbereitet und überrascht, wenn Menschen uns verletzen (»Errare humanum est – Irren ist menschlich«).
- ▷ Wir sind nicht so tief getroffen, weil wir ihnen nicht von vornherein eine böse Absicht unterstellen.
- ▷ Wir können dem anderen unsere Gefühle oder Gedanken mitteilen, ohne dass es gleich zu einer großen Krise in der Beziehung kommen muss (»Du hast dir sicher nichts dabei gedacht, aber so angenehm fand ich es nicht, dass ich den ganzen Abend auf deinen Anruf warten musste«; »Es war sicher kein böser Wille von dir, aber ein bisschen enttäuscht hat es mich schon, dass du dich an meinem Geburtstag nicht gemeldet hast«).
- ▷ Wir nehmen die Angelegenheit leichter und können sie deshalb auch schneller vergeben, vergessen oder gleich nicht gar so wichtig nehmen (»Es ist zwar schade, aber es ist keine Katastrophe«).
- ▷ Wir gehen auch mit unseren eigenen Fehlern und Versäumnissen barmherziger um (»Nobody is perfect – also muss ich's auch nicht sein!«).

Allerdings gibt es noch einen weiteren triftigen Grund, weshalb Menschen nicht an uns oder von unseren Bedürfnissen und Erwartungen her denken: Sie haben Angst um sich und ihr Wohlergehen. Und diese Angst macht sie unter gewissen Umständen egoistisch und rücksichtslos. In der Tat: Die Angst, zu kurz zu kommen oder Nachteile gegenüber anderen zu haben, ist eine mächtige Triebfeder in uns. Je mehr wir von dieser Angst beherrscht sind, umso größer ist die Wahrscheinlichkeit, dass wir anderen weh tun, sie missbrauchen, betrügen, hintergehen, übervorteilen, ausnutzen, anlügen, ihnen bitter Unrecht tun oder sie tief verletzen: alles nur um des eigenen Vorteils willen, alles aus Angst, nicht »genug« zu bekommen.

Wer davon betroffen ist, ist tief verletzt – und zu Recht. Denn er hat den Eindruck: »Ich als Mensch habe für den anderen keinen Wert, keine Würde und keine Bedeutung – ich bin nur Mittel zum Zweck. Ich bin nur dazu da, benutzt zu werden, oder ich werde rücksichtslos auf die Seite geschoben, falls ich im Weg bin.« Das gilt auch für den Fall des Ehebruchs: Sowohl der verheiratete Partner als auch die in die Ehe einbrechende Person sind nicht bereit, auf ihr eigenes Vergnügen, ihren Vorteil zu verzichten. Könnte dahinter nicht auch die geheime Angst stehen, zu wenig vom Leben zu haben, wenn man auf eine Gelegenheit zum Genuss verzichtet, sich Schranken auferlegt?

Auch bei Erbstreitigkeiten ist oft bei den Beteiligten die eigenartige Angst zu beobachten, zu kurz zu kommen. Denn kaum einer ist wirklich auf das Erbe angewiesen, allen geht es oft materiell recht gut – und dennoch spielt die Angst eine große Rolle und macht die Beteiligten argwöhnisch, kleinlich, hinterlistig und oft auch skrupellos, wenn es um ihren Vorteil geht. Ihre Habgier oder die Gier nach Gerechtigkeit beherrscht sie so sehr, dass sie blind werden für die Folgen, die Streitigkeiten oder Gerichtsprozesse nach sich ziehen: für immer zerstörte Beziehungen, ein für immer verlorener Familienzusammenhalt, den man mit Geld niemals ersetzen kann.

Menschen verletzen uns, weil es ihnen an Mut fehlt

Das Gegenteil von Mut ist Angst, und das Gegenteil von mutigem Handeln ist Feigheit. Es ist natürlich, dass uns die Angst und Feigheit näher liegen als Mut und Tapferkeit. Wer mutig ist, riskiert eine Menge: Gefahr für sich selbst, Nachteile und Schaden für die eigene Person. Er riskiert, dass der Mut ihn einiges kostet.

Wer hingegen feige ist und so handelt, dass er dabei möglichst wenig eigene Interessen aufs Spiel setzt, wird es auch in Kauf nehmen, dass andere dabei die Leidtragenden sind. Mag sein, dass ihn dabei Schuldgefühle oder ein schlechtes Gewissen plagen – doch letzten Endes ist die Angst größer. Es handelt sich allerdings weniger um die Angst *um* etwas als vielmehr um die Angst *vor* etwas, vor allem vor unangenehmen Konsequenzen. Sehr häufig sind Menschen beispielsweise nicht ehrlich zu jemand anderem, und wenn man sie fragt, warum sie lügen, sagen sie: »Ich kann ihm die Wahrheit nicht zumuten, das wäre viel zu hart für ihn.« Man will den anderen schonen – und gibt vor sich und anderen nicht zu, dass man im Grunde sich selbst schonen möchte. Man will sich ersparen, dem anderen die Wahrheit zu sagen, weil es heikel ist, weil man sich nicht unbeliebt machen möchte, weil man nicht weiß, wie der andere reagieren wird und ob man mit seiner Reaktion zurechtkommt ...

Es gibt so viele Gründe, zu schweigen, zu heucheln, zu schwindeln, zu beschönigen, zu verschleiern, nur die halbe Wahrheit zu sagen oder noch besser: gar nichts zu sagen. Und all diese Gründe haben eine Wurzel: Wir haben Angst vor den Folgen der Wahrheit. Wir haben Angst vor Unannehmlichkeiten. Wir haben Angst vor zwischenmenschlichen Komplikationen. Denn es ist eine weitere starke Triebfeder des Menschen, dass er aus einer Gemeinschaft nicht ausgestoßen werden möchte. Er will dazugehören, er will beliebt sein. Warum sollten wir uns in die Gefahr begeben, abgelehnt oder ausgestoßen zu werden, nur weil wir die Dinge beim Namen nennen und sagen, was Sache ist? Wir meinen es doch nur gut mit dem anderen, wenn wir ihm nicht das mitteilen, was wir wirklich denken, sondern das, womit er am besten zurechtkommt!

Warum soll man jemanden unnötig verletzen, wenn man es mit ein bisschen lügen vermeiden kann? Warum sollen wir, wenn jemand uns besuchen möchte, offen sagen: »Ich habe daran kein Interesse«, wo es doch viel unverfänglicher ist zu sagen: »Zu schade, dass ich keine Zeit habe!« Warum sollen wir den Siebzigjährigen nicht mit der Behauptung erfreuen, er sähe aber aus wie höchstens sechzig, obwohl wir ihn insgeheim auf achtzig geschätzt hatten? Ja, in der Tat – die Lüge ist oft barmherziger als die Wahrheit. Doch bevor man zur bequemen Ausrede oder zur Notlüge greift, sollte man sich selbst ehrlich fragen: »Um wen geht es mir? Geht es mir wirklich um den anderen – oder um mich selbst? Bin ich wirklich mit dem anderen barmherzig – oder in erster Linie mit mir selbst? Außerdem: Wäre es mir recht, wenn man *mich* in einer solchen Angelegenheit belügen oder mir die Wahrheit verschweigen würde?«

Gerade eine der meistbenutzten Ausreden der Deutschen – »Ich habe keine Zeit!« – macht deutlich, dass es sich häufig um eine verdeckte Lüge handelt. Denn: Zeit hat man grundsätzlich, so lange man lebt – die Frage ist nur, was man mit ihr anfängt, wofür man sie verwenden möchte. »Ich habe keine Zeit« heißt also entweder: »Ich habe im Moment etwas anderes zu tun, will aber gern zu einem späteren Zeitpunkt auf die Sache zurückkommen, denn ich habe grundsätzlich Interesse daran«, oder es bedeutet: »Ich will mir dafür jetzt und später keine Zeit nehmen! Ich habe kein Interesse daran.«

Damit wir uns nicht falsch verstehen: Es ist keinesfalls immer verletzend, wenn wir jemandem gegenüber unehrlich sind, ihm etwas Wichtiges verschweigen, um ihn oder uns oder beide zu schonen. Ein solches Verhalten ist verständlich, es ist menschlich, es ist nicht immer falsch. Denn manchmal ist der Schaden größer als der Nutzen, wenn man jemandem die ungeschminkte Wahrheit sagt, weil die andere Person mit so viel Wahrheit gar nicht umgehen kann. Bitter wird es allerdings, wenn der Geschonte eines Tages bemerkt, dass er angelogen wurde, dass man ihm Wichtiges verschwiegen oder ihm nur die halbe Wahrheit gesagt hat. In diesem

Moment denkt er nicht mehr: »Oh, wie liebevoll, der andere wollte mich schonen und mir nicht unnötig Kummer bereiten!«, sondern er denkt in der Regel: »Wie unfair! Ich habe ihm vertraut, und er hat mein Vertrauen mit Unaufrichtigkeit belohnt! Ich bin getäuscht worden!«

Zur Veranschaulichung zwei relativ alltägliche Fälle: Eine Frau vertraut den Informationen ihres Ehemanns und kommt nicht auf die Idee, ihn zu überwachen oder ihm hinterherzuspionieren. Sie verlässt sich auf seine Aufrichtigkeit und Treue. Der Ehemann benutzt dieses Vertrauen, um seine Frau immer wieder zu betrügen. Darauf angesprochen, ob er denn ihr gegenüber kein schlechtes Gewissen habe, antwortet er: »Sie muss es ja nicht wissen, und was sie nicht weiß, macht sie nicht heiß.« Das stimmt natürlich, und die Ehe kann äußerlich harmonisch verlaufen. Doch wenn die Frau eines Tages feststellt, dass ihr Glück auf einer Täuschung, einer Lüge beruhte, wird die Enttäuschung riesengroß sein. Wie tief verletzt wird sie sich fühlen, wenn sie merkt, dass ihr Partner ihr Vertrauen ausgenutzt hat, anstatt sich dessen würdig zu erweisen?

Zweites Beispiel: Eine alte Frau wird von ihrer Tochter in ein Pflegeheim eingeliefert, weil die Kinder nicht für sie sorgen können. Da die Kinder wissen, wie schwer der Mutter der Abschied von den eigenen vier Wänden fällt, einigen sie sich darauf, der Mutter zu sagen, sie sei nur für einige Zeit in dem Heim, bis sie wieder »auf den Beinen sei«. Danach dürfe sie in ihre Wohnung zurückkehren. Die Mutter glaubt dies und muss, nachdem Woche um Woche, Monat um Monat vergehen und nichts passiert, irgendwann mit Entsetzen feststellen, dass sie nie mehr nach Hause zurückkehren wird, ja, dass es ihr eigenes Zuhause schon gar nicht mehr gibt, weil die Kinder die Wohnung hinter dem Rücken der Mutter aufgelöst haben. Auch wenn die »Notlüge« möglicherweise gut gemeint war, weil man die Mutter schonend auf die neue Lebenssituation einstimmen wollte, so war es doch ein Vertrauensmissbrauch, der das Verhältnis zwischen der Mutter und ihren Kindern nachhaltig belastet: Die Mutter kann es ihnen nicht verzeihen, dass sie so hintergangen wurde.

Mehr als gut gemeint, nämlich wirklich gut *für den Betreffenden* ist meines Erachtens nur das, was ihm langfristig hilft, sein Leben zu meistern – und das ist in der Regel »die Wahrheit und nichts als die Wahrheit«. Deshalb gilt in den meisten Fällen: Lieber eine harte Wahrheit, die wehtut, aber bei der man weiß, woran man ist, als eine weiche Lüge, bei der man irgendwann aus allen Wolken fällt und umso härter aufprallt. Der harte Aufprall ist – wenn es sich um Unaufrichtigkeit von Menschen handelt – immer mit tiefer seelischer Verletzung verbunden.

Doch wo lernen wir, ehrlich zu sein? Wo lernen wir, um der Wahrheit willen auch ein Risiko in Kauf zu nehmen und uns selbst oder anderen etwas zuzumuten? Ich denke, wir lernen es, wie alles wirklich Wichtige im Leben, am einfachsten und wirkungsvollsten durch das Beispiel der Eltern. *»Erziehung ist Vorbild«,* hat Johann Heinrich Pestalozzi gesagt. Wem zu Hause die Einstellung vermittelt wurde: »Sag die Wahrheit nur dann, wenn es gefahrlos ist und dir keine Nachteile bringt, und lüge, wenn du dadurch Vorteile hast«, dem wird dieses Verhalten in Fleisch und Blut übergehen. Wem hingegen im Elternhaus vermittelt wurde: »Ehrlichkeit ist ein hohes Gut, und Vertrauen ist ein Geschenk, das wir auf keinen Fall enttäuschen oder missbrauchen dürfen«, der wird sich eher darum bemühen, ehrlich und aufrichtig mit seinen Mitmenschen umzugehen – auch wenn dies oft der schwierigere Weg ist. *»Behandelt die Menschen so, wie ihr von ihnen behandelt werden wollt!«* (Matthäus 7,12), hat Jesus seinen Jüngern als Maxime mitgegeben. Wir würden uns gegenseitig viele tiefe Verletzungen ersparen, wenn wir in punkto Ehrlichkeit und Wahrheitsliebe nach diesem Grundsatz handeln würden.

Besonders gefährlich ist es, wenn wir unserem Gegenüber etwas verschweigen – beispielsweise eine Kritik unsererseits –, uns dann aber gegenüber Dritten umso offener äußern. Das Nichtgesagte will heraus, will gehört werden, doch wir suchen uns lieber eine ungefährliche dritte Person, als uns an den Betroffenen selbst zu wenden. Wir gehen dabei das Risiko ein, dass der Betroffene eben doch über mehrere Ecken irgendwann erfährt, was wir über ihn gesagt haben. Ein Freund stellte mich einmal verärgert zur Rede: »Du hast mit Dritten über mich gesprochen, obwohl du mich fast jede Woche siehst. Warum hast du mir nicht gesagt, was du ihnen erzählt hast?« Betroffen und betreten stand ich da und überlegte mir: Ja, warum eigentlich? Der Grund war einfach: Ich hatte einige kritische Beobachtungen über ihn weitergegeben, weil ich zu feige gewesen war, sie ihm persönlich mitzuteilen. Ich hatte seine heftige Reaktion gefürchtet.

Nun, da ihm meine Äußerungen zu Ohren gekommen waren, schämte ich mich gleich dreifach – zum einen wegen meiner Unaufrichtigkeit, die auf seiner Seite zu Vertrauensverlust geführt hatte, zum anderen wegen meiner Feigheit sogar einem mir nahe stehenden Menschen gegenüber. Zum dritten ärgerte ich mich über meine Inkonsequenz: Wenn ich zu ihm persönlich schon nichts sage, hätte ich auch Dritten gegenüber nichts verlauten lassen dürfen.

Tabuthema Sterben und Tod

Feigheit, Unsicherheit und Angst führen besonders im Umgang mit Sterben, Tod und Trauer oft zu Verletzungen. Dieses Gebiet ist zunächst für jeden Menschen angstbesetzt, sofern es sich um sein eigenes Leben und sein persönliches Umfeld handelt. Aus dieser Angst heraus entwickeln die meisten von uns ein ausgeklügeltes Vermeidungsverhalten, das in unserer Gesellschaft auch weithin akzeptiert wird. Gespräche über Sterben und Tod sind eher Tabuthemen, die man am besten auch in vertrautester Runde meidet. Auch bei Geburtstagen von Menschen, die hoch in den Siebzigern oder Achtzigern stehen, gilt es als taktlos, nicht nur über den Gesundheitszustand des Jubilars, sondern auch über das Ende des Lebens zu sprechen. Wer einen Menschen verloren hat und trauert, merkt bald, dass er eher gemieden wird. Die Menschen haben Angst vor den Emotionen des Trauernden, vor der Begegnung mit dem Tod und seinen Folgen und vor ihrer eigenen Hilflosigkeit angesichts dieses Themas. Der Trauernde spürt das und versucht deshalb, so gut es geht, die Trauer mit sich allein abzumachen oder sich einer Gruppe von Schicksalsgenossen anzuschließen (»Trauergruppe«), damit die Umwelt verschont bleibt.

Kann man nicht umhin und muss mit einem Trauernden reden, so versucht man in der Regel krampfhaft, Belanglosigkeiten auszutauschen, um nur ja nicht das heikle Thema ansprechen zu müssen. Nach einigen Wochen diskreter Schonzeit sowohl im Bekanntenkreis als auch am Arbeitsplatz der Trauernden wird dann oft stillschweigend erwartet, dass sie wieder zum Alltag zurückkehren und ihre Trauer zumindest nach außen überwunden haben. Sie sollen schnell wieder funktionieren, weil dies für ihre Umwelt am einfachsten ist und am wenigsten Mut, Selbstüberwindung und Einfühlung erfordert. Gefragt, *warum* sie mit Trauernden nicht über ihren Kummer reden möchten, sagen die Menschen meistens: »Ich will nicht daran rühren, das ist doch das Beste für sie«, oder: »Ich fühle mich so hilflos und unsicher, ich weiß nicht, was ich da sagen soll«, oder auch: »Ich habe Angst, dass er zu weinen beginnt, also sage ich lieber nichts.«

Den meisten ist in der Regel nicht bewusst, dass sie den anderen damit allerdings erst recht tief verletzen können, weil er merkt, dass man von seiner Trauer nichts wissen will und ihn allein lässt. Die eigene Angst und Unsicherheit stehen so im Vordergrund, dass die Bedürfnisse und Gefühle des Gegenübers nicht mehr ausreichend wahrgenommen werden.

Der Mut zur Wahrheit kann selbstverständlich von beiden Seiten kommen. Wichtig ist in jedem Fall, dass die andere Seite Interesse und Aufgeschlossenheit signalisiert und auf das heikle Thema eingeht, anstatt es abzuwürgen. Eine für mich sehr bewegende Erfahrung: Eine meiner Freundinnen erfuhr mit Anfang Vierzig, dass sie wegen eines inoperablen Hirntumors maximal noch ein Jahr zu leben habe. Sie versuchte noch einige Therapien, doch als nichts wirkliche Besserung brachte, begann sie mutig und entschieden, Abschied zu nehmen – von ihrem Ehemann, ihren Eltern, ihren Kindern, ihren Freunden, ihrem Haus, ihrem Garten, von dieser Erde. Sie redete, solange sie es noch konnte, über ihren baldigen Tod, ihre Gefühle und Ängste, ihre Hoffnungen und Gedanken dazu. Sie ermöglichte es jedem, der zu ihr kam, offen zu sein und ihr nichts vorzuspielen.

Mit ihrem Beispiel machte sie deutlich, dass Abschiednehmen schwer ist, aber dass es nicht nur unserem Leben, sondern auch unserem Sterben größere Würde und Kraft verleiht, wenn man sich ehrlich dem Schicksal stellt und nicht versucht, durch Verdrängung und Totschweigen dieser Herausforderung aus dem Weg zu gehen. Sicher ist ein solch mutiges Verhalten außergewöhnlich und vom christlichen Glauben meiner Freundin nicht zu trennen, doch andererseits war diese unerschrockene Offenheit nur die konsequente Fortführung einer Haltung, die sie Zeit ihres Lebens geübt und praktiziert hatte. *»Wer im Kleinen treu ist, wird es auch im Großen sein«*, hat Jesus gesagt (Lukas 16,10). Anders ausgedrückt: Wir müssen die Treue und Ehrlichkeit bei kleinen, harmloseren Anlässen üben, um sie in den entscheidenden und anspruchsvollen Situationen und Entscheidungen unseres Lebens ebenfalls aufbringen zu können.

Menschen verletzen uns, weil sie selbst Verletzte sind

»Wer getragen wird, kann tragen«, heißt es in einem christlichen Lied. Und es stimmt. Wir geben in der Regel das an unsere Mitmenschen weiter, was wir selbst empfangen haben.[10] Wer als Kind viel Liebe und Wertschätzung erfahren hat, wird sich im späteren Leben leichter tun, Liebe und Wertschätzung sich selbst und anderen gegenüber zu empfinden und zu schenken. Wem schon als Kind nichts zugetraut wurde, neigt dazu, auch im späteren Leben sich und anderen wenig zuzutrauen. Wem sozusagen schon mit der Muttermilch eingeimpft wurde, dass es im Leben nichts geschenkt gibt und man um alles kämpfen muss, wird mit einer solchen Haltung vermutlich auch ins Erwachsenenalter gehen. Wer zu Hause vor allem Druck und Drohungen, also Formen der Missachtung erlebte, wird im späteren Leben ebenfalls dazu tendieren, sich selbst und andere zu missachten.

[10] »Wie man als kleines Kind behandelt worden ist, so behandelt man sich später ein ganzes Leben lang«, meint die Psychoanalytikerin Alice Miller (Am Anfang war Erziehung, Frankfurt/M. 1990, S. 158). Ganz so absolut muss man es meines Erachtens nicht sehen.

Es ist natürlich nicht immer so einfach, es wird nicht alles im Verhältnis eins zu eins an die nächste Generation weitergegeben. Das würde ja bedeuten, dass wir aus dem Teufelskreis der Verletzungen niemals herauskämen. Gott sei Dank hat der Mensch jedoch viele Möglichkeiten, sich kritisch mit den Prägungen und Einflüssen seiner Kindheit und Jugend auseinander zu setzen und sie so zu verarbeiten, dass er ihnen Gutes abgewinnen kann. Er hat die Chance, aus Belastungen und schlechten Erfahrungen Stärken und Fähigkeiten zu entwickeln, die ihm im späteren Leben von großem Nutzen sein können.[11] Doch nicht jedem ist die Gelegenheit zu solcher Aufarbeitung und Verwandlung gegeben. Die Empfehlung des Apostels Paulus *»Prüfet alles, und das Gute behaltet!«* (1. Thessalonicher 5,21) ist zwar richtig und gilt auch für unsere Vergangenheit, doch bedarf es zu dieser Prüfung häufig einer Hilfe von außen, weil wir allein mit dieser Aufgabe überfordert sind.

Auch in meinen eigenen Gesprächen mit verletzten Menschen fällt mir häufig auf, dass sie selbst ebenfalls zu verletzendem Verhalten neigen – *ohne es zu merken!* Obwohl sie oft sehr genau wahrnehmen, wann und wie *sie* von anderen gekränkt wurden und werden, ist ihnen gleichzeitig nicht bewusst, dass auch sie selbst andere kränken – und dass deren Verhalten häufig nur die Retourkutsche ist. Einfach gesagt: Sie fühlen sich als Opfer und merken nicht, dass sie auch Täter sind. Ein Beispiel: Eine Mutter kritisiert ihre Tochter immer wieder, auch als diese schon längst erwachsen ist. Sie gibt ungefragt kritische Kommentare zu allem Möglichen ab, sei es die Kleidung der Tochter, ihr Aussehen, ihre Figur, ihre Beziehungen. Irgendwann rastet die Tochter aus und verbittet sich in aggressivem Ton jede weitere Kritik. Die Mutter ist tief verletzt: Sie hat doch nur hin und wieder gesagt, »was sie denkt«! Die Mutter hat nicht gemerkt, dass jeder ihrer kritischen Beiträge im Grunde eine Missachtung der Tochter und ihres Lebensstils darstellte. Die Mutter maßte sich an, immer noch die Tochter zu erziehen, obwohl sie schon

[11] Vgl. hierzu das Buch von Boris Cyrulnik, Die Kraft, die im Unglück liegt, München 2001.

längst auf eigenen Füßen stand. Dass sie damit die Tochter verletzte, ist der Mutter überhaupt nicht bewusst gewesen – umso überraschter war sie, als diese irgendwann wütend reagierte.

Fragt man eine solche gekränkte Mutter, wie sie denn von ihren eigenen Eltern erzogen und behandelt wurde, dann stellt sich sehr oft heraus, dass zumindest ein Elternteil genau das gleiche missachtende Verhalten an den Tag gelegt hat, das die Mutter nun gegenüber der Tochter praktiziert. Die Mutter gibt praktisch das weiter, was sie empfangen hat – ohne je darüber nachzudenken, ob ihr selbst diese Behandlung gut getan hat. Ein anderes Beispiel für Kränkungen, die einem Mangel an Anerkennung entspringen: Viele Menschen wurden als Kinder nach dem Motto erzogen: »Nicht geschimpft ist genug gelobt!« Sie lernten also, dass Lob etwas Überflüssiges und Unnötiges ist, das man im Umgang miteinander eigentlich nicht braucht, oder dass Lob nur für ganz besonders herausragende Leistungen vergeben wird. Die Folge: Wenn diese Menschen später selbst Familie haben oder als Führungskraft tätig sind, behandeln sie ihre Familienmitglieder oder Angestellten nach demselben Schema: »Wenn ich nichts sage, ist es in Ordnung. Wenn es nicht in Ordnung ist, sage ich etwas.« So haben sie es selbst gelernt, so ist es ihnen in Fleisch und Blut übergegangen.

Doch über kurz oder lang kommt es bei einer solchen Art des Umgangs mit anderen zu Problemen, weil es kein Mensch auf die Dauer aushält, wenn er entweder nichts oder nur Kritik zu hören bekommt. Dagegen gilt: Die Waage zwischen Lob und Tadel sollte sich immer deutlich dem Lob zuneigen, damit Menschen gut miteinander harmonieren und auch in ihrer Arbeit motiviert sind. Lob und Anerkennung sind sozusagen das Öl im Getriebe unserer menschlichen Beziehungen! Jeder von uns sollte, egal ob in der Familie, im Freundeskreis oder am Arbeitsplatz, wissen: Auch wenn ich manche Schwächen habe und manche Fehler mache – letzten Endes überwiegt das Positive in meinem Wesen.

Fragen wir uns an dieser Stelle einmal selbst: Spüre ich in meiner Partnerschaft oder in meinen sonstigen wichtigen Beziehungen, dass die grundsätzliche Anerkennung, ja die Wertschätzung meiner Person überwiegt? Ist es an meinem Arbeitsplatz so? Wenn nicht, dann sind wir auch seelisch wahrscheinlich nicht im Gleichgewicht. Wir stehen unter Spannung, unter Druck, unter Stress. Und es ist nur eine Frage der Zeit, bis sich der Druck entlädt: Wir ziehen uns zurück oder schlagen zurück, d. h. wir verletzen den anderen in aller Regel durch eine unerwartete oder sehr heftige Reaktion. Etwas hat sich in uns angestaut und bahnt sich nun umso ungestümer seinen Weg nach draußen – wie der Krug, der überläuft, weil das Maß voll ist.

Häufig ist das auch bei der schon erwähnten partnerschaftlichen Untreue der Fall. Die Partner – meist sind es beide – leiden in ihrer Ehe unter einem Mangel an Anerkennung und Bestätigung. Die Macht der Gewohnheit macht Verheiratete leicht blind für die Stärken und die Reize des anderen – außerdem haben viele Menschen nicht erkannt, dass sich ein Kompliment auch dann nicht abnutzt, wenn man es oft wiederholt. Auf diese Weise tritt die Freude am anderen und die Bewunderung seiner Stärken immer mehr in den Hintergrund.[12] Dadurch überwiegen automatisch die negativen und kritischen Rückmeldungen oder die Sachthemen.

Kommt nun eine fremde, dritte Person und zeigt einem solchermaßen frustrierten, unter Anerkennungsdefizit leidenden Ehepartner, wie beeindruckt und begeistert sie von ihm ist, dann kann es leicht passieren, dass dieser sich sehr stark zu dieser fremden Frau oder diesem fremden Mann hingezogen fühlt. Damit wird deutlich: Eine Verletzung kann auch dadurch entstehen, dass man dem anderen etwas *vorenthält*. Nicht nur das Reden und Tun kann Wunden schlagen – auch das *Nichtssagen* und *Nichtstun* kann auf die Dauer weh tun. Der unschuldige Ausruf des Betrogenen oder Verlassenen: »Ich habe dir doch nichts getan, warum tust du mir das an?« könnte also folgendermaßen beantwortet werden: »Das ist es ja gerade: Du hast nichts mehr gesagt und nichts mehr getan – für unsre Beziehung, dafür, dass ich mich von dir angenommen und geliebt fühle!«

Das soll keine billige Rechtfertigung für Untreue sein. Ich will

[12] Eine Frau fragte ihren Mann, ob ihm das von ihr gekochte Essen schmeckt. Darauf er: »Warum, ich sag doch nichts!« Wenn ich dieses Beispiel erzähle, signalisieren mir viele Frauen, dass sie diese Erfahrung nur zu gut kennen.

mit diesem Beispiel deutlich machen, dass es wie bei der »unterlassenen Hilfeleistung« auch eine »unterlassene Liebe« gibt, die beim anderen zu seelischen Mangelerscheinungen bis hin zu seelischer Unterernährung führt. Aufgabe der Partner wäre es natürlich, darüber zu sprechen und an der Beziehung zu arbeiten, anstatt sich bei Dritten das Vermisste zu holen und die eigene Partnerschaft damit noch mehr auszuhöhlen.

Auch für mich selbst war es ein langer und harter Weg, bis ich meine eigene Haltung in dieser Hinsicht erkannte. Auch ich war es gewohnt, dass in meinen prägendsten Beziehungen – sicher unbewusst – mehr Gewicht auf Kritik und kritisches Urteil gelegt wurde als auf Lob und schlichter Freude aneinander. Manche spätere Beziehung musste erst zerbrechen, bis ich erkannte, dass meine unausgewogene, zu sehr von Kritik geprägte Grundhaltung daran mit schuld war. Inzwischen habe ich gelernt, der positiven Kommunikation in meinen Beziehungen mehr Bedeutung beizumessen als der kritischen Rückmeldung – allerdings falle ich in stressreichen Situationen leicht in meine alte, negativ orientierte Prägung zurück.[13]

Menschen, die uns verletzen, sind häufig selbst Verletzte. Was bedeutet das?

- ▷ Erstens kann es sein, dass sie aus Kindheit, Jugend und sonstigen prägenden Beziehungen tiefe Kränkungen in sich tragen, die sie nie aufgearbeitet haben. Sie werden dann auch andere verletzen, ohne es zu merken. Möglicherweise lenken sie sich damit auch von ihrem eigenen Verletztsein ab.
- ▷ Zweitens kann es sein, dass wir den Menschen, der uns verletzt hat, unsererseits gekränkt oder frustriert haben, ohne dass uns dies bewusst war – unter Umständen über einen längeren Zeitraum hinweg. Sein verletzendes Verhalten uns gegenüber wäre dann – nicht nur, aber auch – eine *Re-aktion* auf unser Verhalten, getreu dem Sprichwort: *»Wie man in den Wald hineinruft, so schallt es heraus«*

[13] Der Grund dafür liegt unter anderem darin, dass unter Stress sowohl die Fähigkeit zu sachlichem Denken als auch die Fähigkeit zur Einfühlung rapide reduziert sind.

5 Wie schützen wir uns gegen Kränkungen und Verletzungen?

Kein Problem wird gelöst, wenn wir träge darauf warten, dass Gott allein sich darum kümmert.

Martin Luther King

Wodurch kränken und verletzen uns andere Menschen? Menschen sind unhöflich, lassen es an Rücksichtnahme fehlen, nehmen uns nicht ernst oder machen sich gar über uns lustig. Sie behandeln uns ohne Respekt oder von oben herab, beschämen uns, ignorieren oder vergessen uns. Sie kritisieren uns ungerecht. Sie halten Versprechen nicht. Sie behalten Anvertrautes nicht für sich, verschweigen uns Wichtiges, reden hinter unserem Rücken über uns, aber nicht mit uns. Sie nutzen unser Vertrauen aus, indem sie uns belügen, betrügen, hintergehen, übervorteilen, missbrauchen. Sie achten unsere Bedürfnisse und Grenzen nicht, nutzen ihre Macht oder Überlegenheit aus oder behandeln uns ungerecht. Sie lösen die Beziehung zu uns, ohne uns den Grund dafür zu nennen. Sie sind unzuverlässig und gehen nicht verantwortungsvoll mit uns um. Sie tun uns Gewalt an etc.

Das ist nur eine kleine Auswahl an Kränkungsmöglichkeiten. Doch was ist der Kern, was ist das Wesentliche an all diesen Kränkungen? Der Kern ist, *dass wir nicht mit der Achtung und Würde behandelt werden, auf die wir als Menschen einen Anspruch haben.* Der Kern ist, dass man uns missachtet und unser Selbstwertgefühl beschädigt, indem man uns das Gefühl gibt: »Du bist es mir nicht wert, dass ich fair und respektvoll mit dir umgehe. Ich habe keinen Grund, dir mit Achtung und Rücksicht zu begegnen.«

Damit wird das Sensibelste und Verwundbarste in uns angegriffen – unsere Selbstachtung, unser Selbstwertgefühl. Beide sind auf Unterstützung und Bestätigung von außen angewiesen – allerdings bei unterschiedlichen Menschen in unterschiedlichem Maß. Doch grundsätzlich ist niemand von der Rückmeldung und dem Verhalten anderer Menschen vollkommen unabhängig. Als soziales Wesen reagiert der Mensch ganz im Gegenteil feinfühlig auf alle Signale seiner Umgebung. Sie sind die Mosaiksteine, aus denen wir unsere Sicht von uns selbst und von unserer Umwelt zusammensetzen.

Doch wir sind den Verletzungsgefahren unserer Umwelt keineswegs hilf- und schutzlos ausgeliefert. Im Gegenteil, es gibt eine Menge von Möglichkeiten, sich dagegen zu wappnen.

Erste Möglichkeit: Ich frage nach oder suche positive und entlastende Erklärungen für ein Verhalten

Vor einiger Zeit las ich auf einem großen Plakat am Straßenrand: *»Natürlich können Sie sich den ganzen Tag ärgern. Aber Sie sind dazu nicht verpflichtet.«* Das stimmt, und genauso kann man auch sagen: »Natürlich können Sie für das Verhalten eines anderen Menschen immer eine negative Erklärung finden. Sie müssen es aber nicht.«

Wenn wir uns überlegen, warum ein Mensch sich in einer bestimmten Weise verhält oder uns gegenüber geäußert hat, dann kommen wir immer auf mehrere Gründe, die in Frage kommen. Ein Beispiel für diese Mehrdeutigkeit: Wir unterhalten uns angeregt mit jemandem, und plötzlich fragt die Person: »Du siehst gar nicht gut aus heute, fehlt dir etwas?« Falls wir uns krank fühlen, werden wir für die einfühlsame und aufmerksame Frage möglicherweise dankbar sein. Falls wir uns jedoch kerngesund fühlen, wird die Frage uns irritieren. Wir überlegen uns: »Warum fragt der/die das?« Die einfachste Möglichkeit, um Missverständnisse oder Verletzungen zu vermeiden, besteht darin, diese Frage direkt an denjenigen zu stellen, dessen Äußerung uns irritiert: »Wie kommst du darauf – was ist so auffällig an meinem Aussehen?« Dieses Rückfragen fällt vielen Menschen ungeheuer schwer, obwohl es die beste und wirksamste Methode ist, sich nicht unnötig verunsichern zu lassen. Wer jedoch dieses Nachfragen oder Rückfragen scheut, dem bleibt nur noch die Möglichkeit, selbst nach Erklärungen für die Worte oder das Verhalten des anderen zu suchen.

Eine positive Erklärung wäre: »Ich bin ihr wichtig, deshalb schaut sie so genau hin und macht sich Sorgen, wenn sie einen schlechten Eindruck hat.« Eine negative Erklärung hingegen wäre: »Das sagt sie nur, um mir wehzutun. Sie weiß doch genau, dass mir nichts fehlt, was soll die scheinheilige Frage!« In diesem Fall sind wir verletzt, und das weitere Gespräch wird belastet sein.

Ein anderes Beispiel: Eine Nachbarin sagt zur anderen: »Dein Garten ist ja das reinste Biotop!« Sollten die beiden eine herzliche Beziehung zueinander haben, wird die »Gelobte« diese Äußerung eher positiv verstehen: Was für eine Artenvielfalt, welch eine kunstvolle Anlage!

Falls sie sich in der Bedeutung des Wortes »Biotop« nicht ganz sicher ist, wird sie vielleicht nachfragen: »Was meinst du damit? Ist das ein Kompliment?« Es ist damit zu rechnen, dass die Nachbarin darauf eine offene Antwort gibt, so dass es zu keinen Missverständnissen kommt.

Sollte das Verhältnis jedoch angespannt sein, wird die Äußerung von der »Gelobten« vermutlich eher als indirekte Kritik verstanden: »Aha, unser Garten ist ihr zu wild und ungepflegt! Ich sollte ihrer Meinung nach wohl mehr darin arbeiten!« Und schon ist sie gekränkt und wird weitere Gespräche mit ihrer Nachbarin vermutlich in nächster Zeit eher vermeiden.

Es ist leider eine Tatsache, dass man bei irritierenden Äußerungen anderer Menschen umso weniger bereit ist, zurückzufragen, je gestörter das Verhältnis zu ihnen sowieso schon ist. Obwohl es in solchen Fällen besonders nötig wäre, sich Klarheit zu verschaffen, tut man sich bei schlechten Beziehungen ganz besonders schwer, ruhig nachzuhaken: »Wie meinst du das? Wie soll ich das verstehen?«

Die eigene innere Erregung, die Unsicherheit und Abneigung sowie das generelle Misstrauen der anderen Person gegenüber hindern uns daran, gelassen zu bleiben und uns erst einmal um Klarheit zu bemühen. Bei Menschen, denen wir wohlgesonnen und die uns vertraut sind, fällt es uns dagegen viel weniger schwer, unbefangen zurückzufragen, wenn wir nicht sicher sind, wie der oder die andere etwas gemeint hat.

Folgendes lässt sich auch in angespannten und wenig harmonischen Partnerschaften beobachten: Beide Seiten haben es sich angewöhnt, die Äußerungen des Partners im Zweifelsfall immer negativ zu deuten. Eine Rückfrage findet nicht mehr statt – schließlich kennt man ja den anderen nur allzu gut und weiß »genau«, wie er etwas meint und warum er etwas tut. Ein Beispiel: Der Ehemann fragt seine Frau beim Essen: »Was ist denn das Rote, das da in der Suppe schwimmt?« Die sachgemäße Antwort wäre: »Das sind kleine Tomatenstückchen.« Da die Ehefrau hinter der Frage jedoch sofort eine Kritik vermutet, antwortet sie patzig: »Du brauchst sie ja nicht essen, wenn sie dir nicht schmeckt!« Darauf er: »Meine Güte, ich habe doch nur gefragt!« Ein Teufelskreis kommt in Gang: Wer etwas negativ deutet, reagiert auch negativ und erzeugt damit wieder eine ebenso negative Antwort.

Dieser Teufelskreis kann nur dann durchbrochen werden, wenn beide Seiten sich über ihre automatischen Deutungsmuster klar werden. Denn nur dann können sie etwas verändern und die endlose »Negativschleife« in ihrer Kommunikation beenden. In diesem Fall hätte es bedeutet: Falls die Frau hinter der Frage ihres Mannes eine Kritik vermutet, klärt sie zunächst mit ihm ab, ob ihre Annahme berechtigt ist oder nicht. Sie hätte also sagen können: »Das sind Tomatenstückchen. Warum fragst du? Schmeckt dir die Suppe nicht?« Der Mann hätte daraufhin sicher eine klare Antwort gegeben, und es wäre nicht zu einer Kränkung gekommen, die nur auf einem Missverständnis oder einer Unterstellung beruht.

Ein anderes Beispiel: Eine Mutter sagt zur erwachsenen Tochter, die in einem kurzen Rock auftaucht: »Findest du, das steht dir?« Die Tochter wittert dahinter sofort eine indirekte Kritik (»Das sieht ja unmöglich aus!«) und reagiert patzig: »Musst du immer meine Kleider kommentieren? Ich sage doch auch nichts dazu, wie du dich anziehst!« Aufgrund vieler Vorerfahrungen hat sie ein eher von Verletzungserfahrungen und Verletzungsangst geprägtes Verhältnis zu ihrer Mutter. Dementsprechend neigt sie dazu, hinter allen Äußerungen eine mögliche Kritik zu wittern – und schnell aggressiv zu reagieren.

Genauso könnte sie die Frage ihrer Mutter aber auch anders deuten: »Aha, meine Mutter ist erstaunt, dass ich so etwas anziehe.« Oder: »Schön, wie sehr Mutter sich für meine Kleidung interessiert. Es ist ihr nicht egal, wie ich aussehe.« Doch diese beiden Deutungen würden ein entspanntes, positives Verhältnis zur Mutter voraussetzen. Nicht zuletzt könnte die Tochter zurückfragen: »Warum fragst du – findest du, das steht mir nicht?« Die Mutter müsste daraufhin »Farbe bekennen«, und es käme ein ehrliches Gespräch in Gang.

Sie haben es sicher bei sich selbst schon bemerkt: Ob wir eher zu negativen oder positiven Erklärungen neigen, hängt davon ab, ob wir eine vertrauensvoll-wertschätzende oder eher eine misstrauisch-abwehrende Beziehung zu unserem Gegenüber haben. Im Fall einer misstrauisch-abwehrenden Beziehung werden wir immer zu negativen Deutungen tendieren, die unser Bild vom anderen sowie unser Misstrauen bestätigen und vertiefen. Und wir werden – siehe oben – es kaum schaffen, im Interesse der beiderseitigen Klarheit nachzufragen. Dementsprechend hoch ist die Zahl der Verletzungen. Wenn wir etwas negativ deuten, fühlen wir uns tiefer getroffen und stärker angegriffen als bei positiven Erklärungen.

Bei einem vertrauensvollen Verhältnis hingegen werden wir die Äußerungen und Verhaltensweisen des anderen im Zweifelsfall eher so verstehen, dass sie uns *nicht* belasten oder in Frage stellen. Wir gehen davon aus: »Der andere hat mich gern, schätzt mich und will mir bestimmt nicht wehtun!« Also werden negative Deutungen gar nicht erst ins Kalkül gezogen; eher greifen wir bei einem Verhalten oder Satz, die uns irritieren, zu Erklärungen wie: »Hat sich wahrscheinlich nichts dabei gedacht«, oder: »Hat heute vielleicht einen schlechten Tag, ist wohl ein bisschen überlastet« oder: »Das meint er nicht so«. Darüber hinaus fällt uns hier das sachliche Rückfragen viel leichter.

Grundsätzlich gilt:

- ▷ Je mehr wir von der Anerkennung und Wertschätzung eines anderen Menschen *überzeugt* sind, desto weniger glauben wir, dass diese Person uns bewusst und absichtlich verletzen möchte. Deshalb nehmen wir Negatives nicht so schnell persönlich. Wenn wir es allerdings doch tun, trifft es uns umso schwerer. Wir sagen oder denken: »Gerade von *dir* hätte ich das nicht gedacht! Wie kannst ausgerechnet *du* mir so wehtun!«
- ▷ Bei Menschen hingegen, denen wir von vornherein Feindseligkeit, Ablehnung oder Missachtung unterstellen, ist genau das Gegenteil der Fall: Sie können kaum etwas sagen, *ohne* dass wir uns angegriffen und in Frage gestellt fühlen. Man nennt dies in der Psychologie eine »sich selbst erfüllende Prophezeiung«. Gemeint ist damit: »Woran du glaubst, was du erwartest, womit du fest rechnest, das wirst du auch erfahren. Letzten Endes hast du es selbst in der Hand, wie leicht man dich kränken oder verunsichern kann.«

Viele Menschen, denen ich diesen Mechanismus erkläre, sind überrascht, waren sie doch bisher immer der festen Überzeugung: »Wenn man gekränkt wird, so ist das Schicksal – man kann nichts dagegen tun, und man kann es auch nicht verhindern. Man kann lediglich darauf achten, wie man damit umgeht.« Das ist nicht richtig. Wer so denkt, ist blind für seine eigenen Möglichkeiten. Denn was wir erleben, hängt sehr stark von dem ab, was wir glauben und erwarten.

Eine wichtige Möglichkeit, nicht so leicht verletzt zu werden, besteht deshalb darin, auf Vorurteile zu verzichten. Das ist schwer, besonders bei Menschen, mit denen wir schon eine Reihe unerfreulicher Erfahrungen gemacht haben.[14] Dennoch sollten wir uns darum bemühen. Warum? Weil unsere Vorurteile ein Filter sind, der

[14] Der englische Dichter George Bernard Shaw sagte einmal sinngemäß: »Der einzige kluge Mensch in meiner Umgebung ist mein Schneider. Jedes Mal, wenn ich zu ihm komme, nimmt er neu Maß an mir. Alle anderen bleiben bei ihren alten Maßen.«

nichts anderes durchlässt als das, was sie bestätigt. Stattdessen sollten wir in jedem Menschen ein »unergründliches Wesen« sehen, das uns auch zu überraschen vermag, und wir sollten zu verstehen versuchen, weshalb der andere sich so und nicht anders verhält. Je vorgefasster und starrer unsere Überzeugungen und Meinungen allerdings sind, desto schwerer fällt es uns, uns im Einzelfall in einen Menschen einzufühlen und darüber nachzudenken, was mögliche Gründe für sein Verhalten sein könnten. Man kann sagen: Vorurteile bzw. Pauschalurteile und Einfühlung schließen sich aus.

Doch es gibt noch einen weiteren wichtigen Grund, weshalb wir oft von vornherein eher zu *negativen* Erklärungen für Worte und Taten anderer Menschen neigen: unsere Einstellung zu uns selbst. Etwas vereinfacht ausgedrückt: »Sage mir, wie du dich selbst siehst, und ich sage dir, wie du das Verhalten und die Äußerungen anderer Menschen dir gegenüber deutest und verstehst.« Die Sicht, die Sie von sich selbst haben, ist sozusagen die Brille, die Sie tragen und durch die Sie die Umwelt betrachten.

Nehmen wir beispielsweise an, Sie halten sich selbst äußerlich für eher unscheinbar und unattraktiv. Ein Bekannter sagt zu Ihnen im Lauf eines Gesprächs: »Ich finde dich wirklich gut aussehend!« Ihre Deutung wird so ausfallen: »Das glaubst du doch selbst nicht, du lügst.« Oder: »Das sagst du doch nur aus Höflichkeit oder aus Mitleid. Aber ich durchschaue dich!« Dritte Möglichkeit: »Was will denn der Kerl von mir? Der sagt das doch nur aus Berechnung!« In allen drei Fällen wird die Äußerung des Bekannten Sie nicht erfreuen, sondern eher verunsichern oder verärgern, weil Ihr negatives Selbstbild keine positive Deutung zulässt!

Was bedeutet das für unsere Frage, wie wir uns gegen Verletzungen schützen können? Ganz einfach: Wir können trainieren, ein positiveres und selbstbewussteres Verhältnis zu uns selbst zu bekommen. Wir werden dann die Worte und Taten anderer Menschen eher so interpretieren, dass sie uns nicht verletzen, sondern uns entweder »nicht wehtun« oder sogar »gut tun«. Dazu später mehr.

Zum andern können wir lernen, uns vor voreiligen Schlussfolgerungen zu hüten, indem wir uns klarmachen, dass das, was ein

Mensch sagt, immer *mehrere Bedeutungen* haben kann. Deshalb sind Missverständnisse auch so häufig. Das gilt mit Einschränkungen auch für Menschen, die uns nahe stehen und die wir deshalb sehr gut zu kennen meinen. Auch hier sollte man nicht voreilig davon ausgehen, genau zu wissen, wie es der andere meint und warum er etwas tut!

Wer nachfragt, zeigt, dass er sich über die Bedeutung dessen, was er gehört oder erlebt hat, nicht ganz im Klaren ist. Das ist weder ein Versagen noch eine Schande, sondern ganz normal. Es ist sogar ein Zeichen von Reife, denn nur reife Menschen haben so viel Abstand zu sich selbst, dass sie wissen: »Ich kann mich auch täuschen.« Wer nachfragt, riskiert wenig, gewinnt aber oft sehr viel – nämlich Eindeutigkeit. Ich bin mir sicher, dass dadurch viele Verletzungen vermieden werden können. Natürlich kann es auch sein, dass die Antwort auf unsere Nachfrage uns, gerade weil sie klar ist, noch mehr trifft. Doch dann wissen wir wenigstens, was wirklich gemeint ist, und können entsprechende Konsequenzen ziehen.

Wir können zum Zweiten lernen, den Deutungsspielraum, den wir haben, bewusst zu nutzen, anstatt immer zu einer »Lieblingsdeutung« zu greifen, die unsere negativen Vorurteile unaufhörlich bestätigt. Viele Menschen verstricken sich im Lauf des Lebens immer mehr in ein gewisses »Grundmisstrauen« gegenüber ihren Mitmenschen, weil sie deren Verhalten im Zweifelsfall vorwiegend negativ deuten. Der Nachbar lässt seinen Baum über unseren Zaun wachsen: »Unverschämtheit, der glaubt wohl, wir sind so dumm und lassen uns das gefallen.« Dass der Nachbar diesen Umstand möglicherweise noch gar nicht bemerkt hat oder den überhängenden Ast nicht tragisch findet – das kommt einem misstrauischen Zeitgenossen nicht in den Sinn. Der Chef lief heute grußlos an mir vorbei: »Aha, da ist was im Busch. Wahrscheinlich wird er mich demnächst vorladen.« Dass der Chef möglicherweise einfach geistesabwesend war – unvorstellbar.

Wir fahren auf der Überholspur und der Fahrer vor uns räumt die Spur nicht. »Rücksichtslosigkeit, Frechheit so etwas! Der will mich wohl ärgern!« Dass der Fahrer uns möglicherweise einfach noch nicht bemerkt hat, ist ein Gedanke, auf den wir nicht kommen. Die Reihe der Beispiele ließe sich beliebig verlängern, doch sie soll lediglich deutlich machen: Sie können natürlich alles so interpretieren, dass es Sie provoziert und verärgert – aber Sie müssen nicht!

Zweite Möglichkeit: Ich teile meine Gefühle klar und offen mit

Als Kinder haben wir alle vermutlich gelernt, unserer Mutter mitzuteilen, wenn uns körperlich etwas fehlt: »Mama, ich habe Hunger! Ich bin durstig! Mich friert es! Mir ist zu warm! Ich bin sooo müde! Mir ist schlecht. Mir tut mein Kopf weh! Ich habe mich gestoßen und jetzt blutet es!« Mit anderen Worten: Wir haben gelernt, unsere körperlichen Empfindungen in Worte zu fassen. Das ist wichtig für unser Wohlbefinden, unsere Gesundheit, ja, es kann sogar über unser Überleben entscheiden. Ein kleines Kind kann nichts als schreien, wenn es ihm an etwas mangelt – und die Mutter oder der Vater müssen raten, was dem Baby wohl fehlt. Geübte Mütter erkennen an der Art des Schreiens im Lauf der Zeit, ob es sich um Hunger, Schmerzen, Angst, Ärger oder Langeweile handelt. Doch oft sind sie auch ratlos und wissen nicht, was dem Kind Probleme bereitet. Welche Erleichterung für beide Seiten, wenn die Zeit des Spracherwerbs beginnt und das Kind sich immer deutlicher äußern kann! Die Missverständnisse werden geringer, die Kommunikation wird einfacher.

Doch nun die spannende Frage: Wir haben zwar alle gelernt, unsere körperlichen Empfindungen und Bedürfnisse mitzuteilen – aber haben wir im Lauf der Jahre auch gelernt, unsere seelischen Bedürfnisse und Befindlichkeiten in Worte zu fassen? Haben Sie im Elternhaus gelernt, zu sagen: »Es tut mir weh, wenn du so mit mir sprichst. Es kränkt mich, wenn du mich so behandelst. Wenn du so mit mir umgehst, fühle ich mich einfach wertlos ...«? Um solche Gefühle ausdrücken zu können, hätten wir ein Vorbild gebraucht. Falls Sie es hatten: Herzlichen Glückwunsch! Ihnen wurde eine Fähigkeit mitgegeben, die das Zusammenleben mit anderen Menschen sehr erleichtert. Doch was tun Menschen, die nicht gelernt haben, ihre Gefühle mit Worten mitzuteilen? Sie haben zwei Möglichkeiten:

- ▷ Sie behalten für sich, was sie empfinden. Sie »schlucken es runter«, »stecken es weg« oder »machen es mit sich selbst aus«.
- ▷ Sie zeigen dem anderen *ohne Worte*, was sie fühlen oder denken – mittels Körpersprache.

Unsere Körpersprache

Wir können mit unserem Gesicht, unserem Körper, unseren Bewegungen eine Fülle an Gefühlen ausdrücken und auch viele Informationen liefern – teilweise bewusst, oft auch unbewusst. Schon als kleine Kinder haben wir gelernt, auf das Gesicht unserer Mutter oder anderer Menschen zu achten: Lacht es mir zu, oder ist ein Stirnrunzeln zu sehen? Sehen mich die Augen an oder nicht? Sind sie weit geöffnet und die Augenbrauen angehoben (was Zuwendung signalisiert), oder sind die Augen zu schmalen Schlitzen verengt und die Brauen zusammengezogen (drückt Abwehr und Feindseligkeit aus)? Lächelt mich der Mund an, oder sind die Mundwinkel nach unten gezogen? Was wir hören, spielt eine ebenso große Rolle: Ist die Stimme hart oder weich, zärtlich oder kalt? Klingt der Tonfall melodisch oder barsch? Wird leise oder normal gesprochen – oder schon aus nichtigem Anlass gebrüllt?

Später lernen wir, auch auf die Hände, die Arme, die Haltung eines Menschen im Sitzen, Stehen oder Gehen zu achten. Es ist eine Sprache ohne Worte, die jeder von uns erlernt hat und sein Leben lang gebraucht, um sich auszudrücken, um sich mit anderen zu verständigen und um andere zu verstehen. Doch wenigen ist bewusst, *wie* sie ihren Körper einsetzen, um sich mitzuteilen, und noch wenigeren Menschen ist bewusst, wie sie die Signale anderer Menschen wahrnehmen und deuten. Sie tun es einfach. Und es funktioniert – auch auf dieser unbewussten Ebene. Zu Komplikationen und Schwierigkeiten kommt es allerdings immer dann, wenn wir die Körpersprache eines Menschen falsch verstehen oder nicht zu deuten wissen. Dann sind wir entweder ratlos, oder es kommt zu Missverständnissen und Verärgerung. Das ist einer der Gründe, weshalb international tätige Firmen ihre Mitarbeiter sorgfältig darin schulen, die Körpersprache des Landes, in dem sie arbeiten, zu verstehen.

Doch bleiben wir im eigenen Land. Worauf achten Sie zuerst, wenn jemand etwas zu Ihnen sagt: auf die Art, *wie* er es sagt, oder auf das, *was* er sagt? Die richtige Antwort lautet: Sie achten zuerst auf das *Wie*. Weshalb? Weil das Gegenüber uns mit dem Wie – also mit seiner Körpersprache – etwas Entscheidendes vermittelt: seine Beziehung zu uns.

Ein Beispiel, wie sehr wir auf diese Signale achten: Ich besuchte zum ersten Mal einen Arzt und wartete in seinem Behandlungszimmer auf ihn. Er kam herein, grüßte kurz, setzte sich an den Computer, tippte etwas ein und fragte dabei: »Was kann ich für Sie tun?« Ich reagierte sofort auf das *Wie* – und war verärgert. Die Stimme und der Tonfall – alles in Ordnung, doch was fehlte, war der Blickkontakt! Der Arzt redete mit mir, ohne mich anzuschauen. Das empfand ich als missachtend, obwohl seine Frage höflich und korrekt war.[15]

Ein anderes Beispiel: In einem Film über den Autokonstrukteur Borgward wurde erzählt, dass er bei Empfängen in einer Hand ein Sektglas und in der anderen Hand seine Tabaktasche hielt, weil er immer Pfeife rauchte. Immer, wenn ihm jemand die Hand geben wollte, hatte er keine Hand frei und gab deswegen seinem Gegenüber nur den kleinen Finger, den dieser dann quasi schütteln durfte. Was Borgward nicht bedachte: Diese Geste wurde als sehr hochmütig und herablassend empfunden. Die Männer, die ihn auf diese Weise grüßen mussten, fühlten sich gedemütigt, und einige von ihnen entwickelten eine starke Abneigung gegen ihn, die er eines Tages sehr schmerzlich zu spüren bekam. Borgwards Fehler: Er hatte die Signalwirkung der Körpersprache unterschätzt. Aber warum hat keiner der Männer, die sich über seinen »kleinen Finger« ärgerten,

[15] Ich wartete deswegen mit meiner Antwort so lange, bis er – etwas irritiert wegen meines Schweigens – von seinem Computer aufschaute. Ich denke, er hatte verstanden, was ich damit ausdrücken wollte.

das auch zum Ausdruck gebracht, beispielsweise mit den Worten: »Also wenn ich Sie schon grüße, würde ich Ihnen gern die Hand geben!« Oder noch deutlicher: »Bin ich Ihnen keinen Handschlag wert, Herr Borgward?« Sie hätten sich damit unter Umständen ihren Ärger erspart, sofern Herr Borgward sein Glas kurz abgestellt und geantwortet hätte: »Oh, Entschuldigung, Sie haben vollkommen recht!«

Warum lassen wir uns ein Verhalten gefallen, auch wenn es uns überhaupt nicht gefällt? Es gibt mehrere Antworten.

- ▷ Wir haben es nicht gelernt, uns unsere Gefühle bewusst zu machen. Doch was uns nicht bewusst ist, können wir auch nicht in Worte fassen!
- ▷ Wir haben nicht gelernt (oder verzichten darauf), unsere Gefühle bzw. Bedürfnisse klar und deutlich auszudrücken – obwohl wir genau wissen, was wir fühlen oder wollen.
- ▷ Aus Angst vor den Folgen fehlt uns der Mut zu sagen, was wir empfinden. (»Was denkt der andere von mir? Gibt es Streit, bekomme ich Schwierigkeiten? Mache ich mich unbeliebt oder lächerlich?«)
- ▷ Wir sind zu stolz, Gefühle mitzuteilen, bei denen wir uns als verunsichert oder gekränkt zeigen. Wir wollen uns keine Blöße geben, sondern stark und unverwundbar wirken – auch wenn wir es nicht sind.

Welche der vier Antworten trifft auf Sie zu? Ich vermute: alle – aber es kommt auch auf die Situation und das Gegenüber an.

Ich möchte mich im Folgenden auf die ersten beiden Antworten und ihren Hintergrund konzentrieren. Die letzten beiden Antworten werden später erörtert.

Die Rolle der Gefühle

Gefühle sind das Erste, womit wir auf ein Signal unserer Umwelt reagieren. Gefühle sind blitzschnelle Bewertungen unseres Gehirns, mit denen es uns auf schnelle Reaktionen vorbereiten möchte, die im weitesten Sinn unserem Überleben dienen. Spontane Gefühle bewegen sich deshalb meistens in den Dimensionen: positiv/negativ, angenehm/unangenehm, gefährlich/ungefährlich, stark/schwach. Die erste Bewertung entscheidet darüber, ob wir auf unser Gegenüber eher zugehen oder uns eher zurückziehen (innerlich oder auch äußerlich).

Ein alltägliches Beispiel: Eine unbekannte Frau spricht uns eines Nachmittags auf der Straße an und fragt nach dem Weg. Aus ihrer Kleidung und Körpersprache – Aussehen, Mimik, Blick, Stimme, Tonfall, Haltung – entnehmen wir blitzschnell eine Menge Informationen, die darüber entscheiden, ob wir die Unbekannte als »angenehm und ungefährlich« einstufen oder als »unangenehm, aber ungefährlich« bzw. als »unangenehm und gefährlich«. Unser Gefühl entscheidet über unsere spontane Reaktion: Bleiben wir stehen und geben freundlich Auskunft, oder sind wir unfreundlich und kurz angebunden, oder ergreifen wir die Flucht, indem wir beispielsweise murmeln »Keine Ahnung!« und sie einfach stehen lassen?

Häufig ist es nicht notwendig, uns diese Gefühle bewusst zu machen – das Zusammenleben oder -arbeiten funktioniert auch so. Doch was, wenn es zu Reibungen, Schwierigkeiten und Missverständnissen kommt oder zu Auseinandersetzungen, Konflikten und tiefen Verletzungen – mit anderen Worten: zu Beziehungsstörungen? Dann wäre es gut, sich über seine Gefühle Rechenschaft abzulegen. Negative Gefühle sind immer ein Alarmzeichen, vergleichbar den Kontrollleuchten in unserem Auto, die aufleuchten, wenn eine Gefahr besteht oder wenn ein Mangel herrscht. Negative Gefühle sind ein Zeichen, dass etwas nicht in Ordnung ist. Ein aufmerksamer Mensch wird diese Zeichen ernst nehmen und versuchen, die Ursache des Problems herauszufinden – um Schlimmeres zu vermeiden.

Wenn wir uns unserer Empfindungen bewusst werden, sind wir freier und flexibler in unserem Verhalten. Wir verfügen über mehr Reaktionsmöglichkeiten. Wenn wir uns ihrer nicht bewusst werden, kommt es bei zwischenmenschlichen Problemen langfristig in der Regel nur zu »fight« oder »flight«: Kampf und Streit bzw. Flucht und Rückzug. Beides sind keine optimalen Lösungen. Im Gegenteil: Sie führen zu sehr viel Leid und hinterlassen meist »gebrochene Herzen« und »geknickte Seelen«.

Doch was tun? Wie schon ausgeführt, haben wir alle gelernt, negative Gefühle mit Hilfe unserer Körpersprache zu äußern. Wir reagieren beispielsweise kurz angebunden, schnippisch, abweisend, ironisch; wir werden aggressiv, laut oder verfallen in demonstratives Schweigen. Wir hören dem anderen nicht zu, sehen über ihn hinweg oder durch ihn hindurch, wir zeigen ihm die kalte Schulter oder gehen ihm aus dem Weg, wenn er sich uns nähert. Es gibt eine Menge an Signalen, die dem anderen klarmachen: »Du hast mich geärgert, ich bin genervt, gekränkt, geh weg.«

Nun könnte man fragen: Wenn man das alles so deutlich zeigen kann, wozu soll man es dann noch in Worte fassen und mündlich mitteilen? Warum reicht die Körpersprache nicht?

Zum einen ist Körpersprache oft nicht eindeutig. Unser Gegenüber muss raten, was wir damit ausdrücken wollen – beispielsweise mit unserem Schweigen. Ist es ein Zeichen von Einverständnis oder von Wut, von Resignation oder von Ratlosigkeit? Schweigen wir aus Protest oder weil wir mit dem Gegenüber nichts mehr zu tun haben möchten? Viele Ursachen sind möglich – die Gefahr, dass unser Schweigen falsch gedeutet wird, ist deshalb sehr groß.

Sie ist umso größer, je fremder uns der andere ist – und wir ihm. Doch auch wenn wir Menschen gut kennen und sie uns sehr vertraut sind, wissen wir nicht immer mit hundertprozentiger Sicherheit, was sie mit ihren nichtsprachlichen Signalen zum Ausdruck bringen wollen. Viele Menschen *meinen* zwar, ihre Eltern, ihre Kinder, ihre Geschwister oder ihren Partner in- und auswendig zu kennen und deshalb genau zu wissen, warum er so und nicht anders handelt und wie er etwas meint. Doch Untersuchungen haben bewiesen: Sie täuschen sich oft. Gerade bei nahe stehenden Menschen überschätzt man leicht seine eigene Menschenkenntnis. Deshalb ist auch in solchen Beziehungen Körpersprache kein Ersatz für Worte. Das gilt erst recht für Menschen, die uns weniger vertraut oder gar völlig fremd sind.

Zum Zweiten rufen unbewusste körpersprachliche Signale auch häufig unbewusste Reaktionen beim Gegenüber hervor. Wenn jemand beispielsweise etwas in scharfem Ton zu uns sagt, neigen wir dazu, auf dieser Ebene zu reagieren, also entweder genauso scharf zu antworten oder, falls wir keinen Streit wollen, kleinlaut und nachgiebig zu antworten, um den anderen wieder zu besänftigen.

Kleine Kostprobe: Er kommt müde von der Arbeit nach Hause und fragt seine Partnerin: »Haben wir heute Abend schon wieder etwas vor?« Sie fühlt sich angegriffen und faucht: »Bleib halt zu Hause, wenn es dir zu viel ist!« Darauf er: »Mein Gott, bist du gereizt!« Sie: »Wer ist hier gereizt – *du* hast doch angefangen! Heimkommen und nörgeln!« Er: »Jetzt reicht's mir aber, musst du gleich so ausfällig werden? Da geh ich doch am besten in den Garten, dann hab' ich wenigstens meine Ruhe!« Sie: »Von mir aus – aber warte nur, irgendwann geh' ich auch, aber nicht nur in den Garten!«

Was wäre passiert, wenn sich dieses Paar seine Gefühle bewusst gemacht und in Worte gefasst hätte? Sie hätte vermutlich gesagt: »Also, das ist ja eine tolle Begrüßung. Ich denke mir was Schönes für unsere knappe Freizeit aus, und du sagst so was. Besonders gut geht's mir nicht dabei, kannst du das verstehen?« Oder noch direkter: »Kann sein, dass du es nicht so meinst, aber du hörst dich ganz schön gereizt an. Hat das was mit dem Termin heute Abend zu tun oder liegt es an etwas anderem?« In beiden Fällen hätte sich das Problem wahrscheinlich schnell geklärt, der Konflikt wäre vermutlich nicht eskaliert, aus der Mücke kein Elefant geworden.

Ein anderes, noch alltäglicheres Beispiel: Sie sind verabredet und kommen ein paar Minuten zu spät. Ihre Freundin sagt vorwurfsvoll: »Na endlich, schön, dass du auch noch kommst!« Wenn Sie jetzt mit den Worten reagieren: »Sei doch nicht so pingelig, auf die paar Minuten kommt's doch wirklich nicht an!«, dann kontern Sie Vorwurf mit Vorwurf, und Ihr Treffen fängt ziemlich verfahren an. Sollten Sie womöglich noch schärfer reagieren: »Das sagt ja die Richtige! Wie oft habe ich auf *dich* schon warten müssen!«, dann wird es wohl bei diesen zwei Sätzen nicht bleiben. Auch wenn Sie statt Angriff zu Verteidigung tendieren: »Meine Güte, das kann doch mal vorkommen, das ist doch nicht so schlimm!«, werden Sie sich nicht besonders wohl fühlen, und es bleibt womöglich eine leise Kränkung zurück. Wer hingegen gelernt hat, sich seine Gefühle bewusst zu machen und sich in den anderen einzufühlen, wird eher auf der Sachebene bleiben und sagen: »Tut mir Leid, dass du dich ärgerst, ich wollte dich nicht warten lassen!«

Zum Dritten: Wenn ich damit beginne, meine Gefühle sprachlich auszudrücken, muss auch mein Gegenüber anfangen, sich nicht nur mit Gesten, sondern auch mit Worten mitzuteilen. Er muss sich bemühen, ebenfalls klar und eindeutig über die eigenen Empfindungen zu sprechen. Damit ist eine Verständigung möglich, die auf der rein körpersprachlichen Ebene nicht stattfinden kann, weil Worte zwar immer noch vieldeutig, aber doch eindeutiger als Körpersprache sind.

An dieser Stelle sind allerdings zwei Bemerkungen nötig:

Erstens: Nicht immer ist es angebracht, dem anderen die eigenen Gefühle auf die Nase zu binden. Außerdem will sich nicht jeder Mensch intensiv auf unser Innenleben oder unsere Person einlassen. Nicht zuletzt sollte man auch darauf achten, die eigenen Gefühlsschilderungen nicht als Druckmittel zu benutzen. Ich denke hier an einen Mann, der seine Umgebung damit in Schach hielt, dass er oft mit den Worten reagierte: »Das tut mir jetzt so weh, was du da gesagt hast« – und zwar immer dann, wenn ihm eine Äußerung nicht passte. Er kam sich dabei vielleicht sehr ehrlich und echt vor, doch der Effekt war, dass man nicht mehr gern mit ihm redete, weil man sich emotional unter Druck gesetzt fühlte.

Zweitens: Man sollte seine emotionalen Zustände in Ich-Form mitteilen und nicht in Form von Du-Botschaften. Also bitte nicht sagen: »Du bist ja so was von arrogant, das muss ich dir mal ehrlich sagen!«, sondern: »Ich habe oft das Gefühl, du siehst auf mich herab, kann das sein?« Mit der Ich-Botschaft vermeiden wir einen Vorwurf, wie er in »Du bist ...«-Sätzen meist enthalten ist. Außerdem sollte unsere Formulierung deutlich zum Ausdruck bringen: »Das ist *mein* Eindruck – ich kann mich auch täuschen.« Hilfreich sind hierbei Satzanfänge wie: »Ich habe den Eindruck ...«, »Ich habe das

Gefühl ...«, »Es kommt mir vor ...«, »Kann es sein, dass ...?«. Auch wenn Ihnen das möglicherweise floskelhaft erscheint, wirken solche Einleitungen doch wie Stoßdämpfer und erleichtern eine offene und entspannte Kommunikation, weil der andere sich nicht angeklagt fühlt.

Frauen reden leichter über sich selbst

Drittens: Frauen fällt es in der Regel wesentlich leichter als Männern, Gefühle in Worte zu fassen. Es zeigt sich meist früh, dass Mädchen in der Regel sprachlich gewandter sind als Jungen.[16] Auch in der späteren Kindheit und Jugend neigen Mädchen dazu, viel miteinander zu sprechen, während Jungen es eher bevorzugen, etwas miteinander »zu machen«.[17] Männer unterhalten sich oft ausgiebiger und lieber über Sachthemen als über persönliche Angelegenheiten und Probleme. Das heißt nicht, dass Männern persönliche Probleme und seelische Belastungen nicht genauso unter den Nägeln brennen würden wie Frauen, sondern dass ihnen das Gespräch darüber einfach schwerer fällt. Wenn eine Frau einem Mann sagt, was sie empfindet, und ihn dann auffordert: »Und jetzt sag du mal, was du für ein Gefühl hast!«, dann darf sie nicht überrascht sein, wenn sie zunächst einmal nur Schweigen erntet.[18] Sie sollte eine Haltung entwickeln, die ich mit »geduldiger Hilfestellung« umschreiben möchte. Dem anderen helfen, Zugang zu seinen Empfindungen zu finden, ohne ihn unter Zeit- und Erwartungsdruck zu setzen – das ist eine Herausforderung und eine Kunst zugleich. Es ist wichtig, beharrlich zu bleiben und sich nicht mit Schweigen zu be-

16 Dass es hier natürlich viele Ausnahmen gibt, zeigt allein schon die Anzahl exzellenter Dichter.

17 Vgl. hierzu das interessante und amüsante Buch »Warum Männer nicht zuhören und Frauen schlecht einparken« von Allan und Barbara Pease, München 2001.

18 Bevor »Frau« sich darüber aufregt, sollte sie sich allerdings auch klar machen: In vielen Berufen gehört ein Stück Gefühlsverdrängung geradezu zum »Anforderungsprofil« – denken wir nur an Berufe wie Ärzte, Krankenschwestern, Sanitäter, Feuerwehrleute, Rettungskräfte, Polizisten, Kriminalbeamte, Richter, Bestattungsredner und viele andere. Vielen Menschen, die in diesen Berufen arbeiten, fällt es auch in der Freizeit nicht leicht, über Erlebtes zu sprechen.

gnügen, weil eine Ehe davon lebt, dass man auch Gedanken und Gefühle miteinander teilt. Wenn Frauen an diesem Punkt unnachgiebig sind und auf offene Gespräche mit dem Partner bestehen, ist das berechtigt. Aber alles mit Einfühlung, damit aus der notwendigen Herausforderung keine Überforderung wird! Dass hier neben Ausdauer und Geduld auch Sensibilität und Fingerspitzengefühl gefragt sind, liegt auf der Hand.

Grundsätzlich gilt also: Wer Gefühle erkennen und benennen kann, schützt sich damit besser gegen tiefere Verletzungen:

- ▷ weil sich auf der Ebene der Sprache klarer und eindeutiger kommunizieren lässt;
- ▷ weil sich Beziehungsstörungen nicht durch indirekte Reaktionen hochschaukeln, sondern frühzeitig benannt und geklärt werden können;
- ▷ weil das Gegenüber dank klarer sprachlicher Rückmeldung sein Verhalten oder seine Worte eher korrigieren oder erklären kann, als wenn nur auf der Ebene der Körpersprache reagiert wird.

Ich gehe allerdings davon aus, dass die wenigsten von uns dies gelernt haben. Auch ich musste es als erwachsene Frau teilweise nachlernen, Gefühle in Worte zu fassen – nicht nur in meinem Tagebuch, in dem ich mir häufig alles von der Seele schrieb, sondern auch in meinen engen Beziehungen.[19] Zutreffender wäre es allerdings, zu sagen: *Ich bin dabei*, es zu lernen, denn natürlich passiert es immer wieder, dass es unter Stress und großen Gefühlsstürmen zu Rückfällen kommt. Dann ist es hilfreich, wenn einer der Kommunikationspartner gelernt hat, die Bremse zu ziehen und von der unbewussten zur sachlichen Ebene zu wechseln, anstatt auf der gleichen Stufe zu reagieren, bis irgendwann eine oder beide Seiten tief verletzt sind.

[19] Natürlich ist das Studium der Psychologie dabei eine enorme Anregung und Hilfe.

Dritte Möglichkeit: Ich ziehe rechtzeitig Grenzen

Grenzen – dabei denken die meisten von uns möglicherweise an Grundstücksgrenzen, oft mit Zäunen markiert. Oder an Landesgrenzen, an denen man anhalten muss und kontrolliert wird. Das Wort »Grenze« ist bei vielen eher negativ besetzt, denn es hört sich nach Verbot und Einschränkung an. Doch Begrenzungen sind auch eine sehr hilfreiche Einrichtung. Leitplanken am Straßenrand dienen unserer Sicherheit. Geländer an Treppen und Aussichtsplattformen bewahren uns vor dem Absturz. Geschwindigkeitsbegrenzungen in Wohngebieten schützen uns im Regelfall vor gefährlichen Rasern. Wir schirmen unseren privaten Raum mit Hilfe einer Haustür von der Außenwelt ab. Wenn wir zu Fuß unterwegs sind, sind wir erleichtert, wenn sich zwischen uns und manch wütend bellendem Hund ein stabiler Gartenzaun oder eine Mauer befindet.

Grenzen schränken ein, Grenzen trennen – aber sie schützen auch. Auch wir Menschen haben unsichtbare »Räume« um uns herum. Wenn wir mit anderen Leuten zusammenstehen, ist es uns unangenehm, wenn sie uns zu nahe kommen. Sie verletzen dann die »Reviergrenze«, die jeder Mensch um sich zieht und die bei fremden Menschen natürlich weiter gesteckt ist als bei vertrauten. Aber auch vertraute Menschen müssen sich gegenseitig immer wieder deutlich machen: Hier sind meine Grenzen, und ich bitte dich: respektiere sie.

Ein Beispiel: Ich halte es für wichtig, dass gerade Personen, die eng zusammenleben, auch die Möglichkeit haben, sich gelegentlich voreinander zurückzuziehen. Kürzlich erzählte mir eine Ehefrau und Familienmutter: »Wir suchen gerade eine Wohnung für uns und die zwei Kinder. Es ist selbstverständlich, dass mein Mann sein Arbeitszimmer hat und meine Kinder auch jeweils ihr eigenes Zimmer. Dass *ich* ein eigenes Zimmer bekomme, ist nicht vorgesehen!« Ich bestärkte sie darin, Wert darauf zu legen, dass auch sie ihren eigenen Raum bekommt – und wenn er noch so klein ist! Manchen mag das als Luxus erscheinen – doch aus »familienhygienischer« Sicht halte ich einen solchen Rückzugsort für außerordentlich wichtig. Äußere Grenzen zu respektieren bedeutet auch, dass man in den Raum des anderen nicht eindringt, ohne die Erlaubnis dazu zu haben. Man sollte – auch bei Familienmitgliedern – nicht einfach ohne zu Klopfen ins Zimmer stürmen. Ich öffne keine Post, die an meinen Ehemann adressiert ist, es sei denn, aus dem Absender geht hervor, dass der Inhalt uns beide betrifft. Das klingt banal, aber Missachtung beginnt bei kleinen »Revierverletzungen«, wie sie gerade zwischen vertrauten Personen leicht vorkommen. Auch Kinder müssen lernen, ihre Eltern nicht immer gleich zu stören, zu unterbrechen oder zu beanspruchen, wenn es ihnen einfällt. Wenn ihnen das *nicht* beigebracht wird, bekommen sie kein Gespür für die Bedürfnisse und Grenzen anderer Menschen und gehen mit anderen – Kindern und Erwachsenen – respekt- und rücksichtslos um, ohne sich dessen bewusst zu sein. Das führt spätestens im Jugend- und Erwachsenenalter zu sozialen Problemen, weil diese Menschen nicht gelernt haben, dass Achtung und Höflichkeit immer auch damit zu tun haben, Grenzen zu respektieren.

Deswegen ist es wichtig, dass wir lernen, uns erstens *rechtzeitig* und zweitens *eindeutig* abzugrenzen, sobald jemand uns zu nahe tritt bzw. uns unserer Meinung nach unangemessen behandelt. Wenn wir eine Grenzverletzung oder ein missachtendes Verhalten widerstandslos hinnehmen, müssen wir damit rechnen, dass es sich wiederholt und möglicherweise noch steigert. Wie sollte der andere auch merken, dass er zu weit gegangen ist, wenn wir es ihm nicht klar rückmelden und uns wehren? Die Verantwortung für uns liegt hierbei auf unserer Seite.

In der Tat passieren viele Verletzungen, weil Menschen zu spät oder gar keine Grenzen ziehen. Und viele Kränkungen wiederholen oder verstärken sich, weil Menschen sich zu zögernd oder zu wenig konsequent wehren, wenn ihre Grenzen verletzt oder missachtet werden.

Es gibt eine Form der Nachsicht und Gutmütigkeit, die großer seelischer Stärke entspringt: Man kann anderen Menschen Raum geben, weil man selbst keine Angst hat, dadurch zu kurz zu kommen.

Es gibt aber auch eine Form der Nachgiebigkeit und Gutmütigkeit, hinter der sich Schwäche verbirgt: Die Schwäche, nicht Nein sagen zu können. Die Schwäche, sich nicht unbeliebt machen zu wollen. Die Schwäche, es jedem recht machen zu wollen. Die Schwäche, nicht »Jetzt reicht es mir!« sagen zu können. Die Schwäche, nicht streiten – oder auch weggehen – zu können.

Diese Schwäche ist eine Eigenschaft, die uns mehr schadet als gut tut und die wir deshalb dringend korrigieren und besser in den Griff bekommen sollten. Ich plädiere keinesfalls dafür, dass man niemals nachgibt, sich wegen jeder Kleinigkeit wehrt und aus jeder Grenzverletzung ein Drama macht. Ich plädiere jedoch sehr wohl dafür, dass wir es lernen, nur Ja zu sagen, wenn wir wirklich Ja meinen, und nicht, wenn wir Angst vor den Folgen eines Neins haben. Wir sollten lernen, nichts zu »schlucken«, was uns nicht gut tut und uns hinterher »schwer im Magen liegt« oder gar »Bauchschmerzen bereitet«.

Doch eins ist klar: Wer lernt, Grenzen zu ziehen, braucht erstens Mut und zweitens Konfliktfähigkeit. Er braucht den Mut, zur eigenen Verletzlichkeit und zu den eigenen Grenzen zu stehen – auch wenn das bei anderen auf kein Verständnis stößt, sondern womöglich Kritik und Verachtung auslöst.

Ein Beispiel: Eine Frau ist etwas mollig und muss sich deswegen immer wieder ironische Bemerkungen anhören. Sie sind sicher nicht böse gemeint, aber sie tun ihr weh, zumal sie selbst unter ihrem Übergewicht leidet. Eines Tages fasst sie sich ein Herz und sagt: »Du, das kränkt mich, wenn du dich über mein Gewicht lustig machst.« Sollte die angesprochene Person mit den Worten reagieren: »Das ist doch nicht böse gemeint, sei nicht so empfindlich!«, dann empfiehlt sich, freundlich, aber bestimmt zu sagen: »Ich bin's aber!« und sich auf keine weitere Diskussion einzulassen. Wichtig ist, dass man sich für die eigene Verletzlichkeit weder schämt noch rechtfertigt oder entschuldigt, sondern in aller Offenheit dazu steht (möglichst ohne anklagend oder aggressiv dabei zu werden).

Nach meinen Erfahrungen sind unsere Mitmenschen durchaus bereit, unsere Grenzen zu respektieren, wenn kein Machtkampf daraus wird. Wenn sie allerdings *nicht* dazu bereit sind, sollte man sich auch nicht scheuen, deutlicher zu werden und im äußersten Notfall die Verbindung auf Eis zu legen oder abzubrechen. Es gibt leider auch eine Menge Zeitgenossen, die mit einer unerhörten Dickfelligkeit nicht auf das achten, was andere sagen und mitteilen. Sie hören nicht zu, sie missverstehen, sie nehmen Signale nicht ernst, sie setzen sich über Bedürfnisse hinweg. Sie trampeln, bildlich gesprochen, durch die schönsten Blumenbeete in den Herzen ihrer Mitmenschen, ohne es zu merken oder sich darum zu kümmern, was sie dabei anrichten und zerstören.

Hier müssen Zäune her, die nicht mehr zu übersehen und nicht mehr zu überspringen sind. Und manchmal hilft, als letztes Mittel, nur noch die Trennung. »Liebe deinen Nächsten wie dich selbst«, sagt deutlich, dass wir zunächst eine Verantwortung für uns selbst haben. Wir können sie nicht an den anderen delegieren nach der Devise: »Weil ich dich liebe, bist du dafür zuständig, dass es mir gut geht«. Nein, das bleibt weiterhin in erster Linie unsere eigene Aufgabe. Wenn sich die geliebte Person daran beteiligt – wunderbar, doch wir müssen uns immer wieder klar machen: »Ich kann von anderen Menschen nicht erwarten, dass sie rücksichtsvoller und pfleglicher mit mir umgehen, als ich selbst mit mir umgehe.«

Wichtig ist auch, sich von einem folgenschweren Irrtum zu verabschieden: Gutmütige Menschen, die sich womöglich für andere aufopfern und ihre eigenen Bedürfnisse völlig zurückstellen oder verleugnen, ernten dafür nicht die Liebe und Anerkennung, die sie sich oft insgeheim erhoffen. Im Gegenteil: Man verliert die Achtung vor ihnen und nutzt sie immer mehr aus. Warum ist das so? Weil unsere Mitmenschen ein Gespür dafür haben, ob wir *auch anders könnten*. Ob unsere Opferbereitschaft und Selbstverleugnung unsere freie Entscheidung sind, oder ob wir *zu schwach* sind, um uns anders zu verhalten.

Ein Mann erzählte mir[20], dass er in seiner Kindheit und Jugend aufgrund eines alkoholabhängigen, gewalttätigen Vaters und einer

[20] Das Interview mit ihm ist in meiner Dissertation »... wie auch wir vergeben unseren Schuldigern« (Stuttgart 2002) auf S. 247 ff. nachzulesen.

ihm wehrlos ausgelieferten, schwachen Mutter keinerlei Selbstwertgefühl und Selbstachtung entwickeln konnte. Er trat eine Arbeitsstelle an und versuchte sich durch allseitige Hilfsbereitschaft und grenzenlose Gutmütigkeit »Liebe und Anerkennung zu kaufen«, wie er es nannte. Seine Hoffnung war: »Wenn ich so viel für meine Kollegen tue – mehr als ich müsste –, dann werden sie mich schätzen und Achtung vor mir haben.« Doch je länger er diesen Kurs verfolgte, umso schmerzlicher wurde ihm bewusst, dass genau das Gegenteil eintrat. Er galt im Betrieb als »gutmütiger Trottel«, den man hemmungslos für eigene Zwecke ausnutzen konnte. Seine Hilfsbereitschaft wurde, da er *nie* Nein sagte – nicht Nein sagen *konnte* –, nicht als Geschenk, sondern als Selbstverständlichkeit angesehen. Man spürte die Schwäche hinter seinem Verhalten und behandelte ihn entsprechend respektlos. Gott sei Dank erkannte er diese Zusammenhänge und änderte sich – allerdings in einem langen und schmerzhaften Lernprozess.

Wer Grenzen zieht, braucht auch Konfliktfähigkeit. Denn es ist mit Protest und Widerstand zu rechnen, zumal wenn man möglicherweise lange »mitgemacht« oder das Verhalten eines anderen lange geduldet hat. Wenn Sie beispielsweise seit Jahr und Tag Ihre Eltern betreuen, und eines Tages haben Sie eine größere Urlaubsreise geplant und bitten ihre Geschwister, dass sie diese Betreuung übernehmen, dann werden diese möglicherweise erst einmal erstaunt und unwillig reagieren: »Warum das denn plötzlich? Du hast es doch bis jetzt auch gemacht! Und die Eltern sind es gewöhnt, dass du sie betreust! Außerdem wohnst du am nächsten zu ihnen, dir macht es die wenigsten Umstände!« Das sind nur einige der Einwände, mit denen zu rechnen ist.[21] Denn niemand gibt kampflos Vorteile und Annehmlichkeiten auf, die er bisher ganz selbstverständlich genossen hat. Niemand akzeptiert gern Veränderungen, die für ihn mit Einschränkung, Unbequemlichkeit oder einfach nur Umstellung verbunden sind.

[21] Natürlich besteht auch die Möglichkeit, dass die Geschwister gern diesen Besuch übernehmen!

Auch hier ist es ratsam, sich von vornherein auf Widerstand gefasst zu machen und entsprechend vorbereitet zu reagieren: »Gerade *weil* ich es bis jetzt immer gemacht habe, finde ich, dass jetzt auch mal andere dran sind!« Das wäre zum Beispiel eine Antwort, die man nicht ohne weiteres entkräften kann. Speziell im Bereich »Elternbetreuung« geschieht nach meiner Erfahrung viel, was mit Fairness unter Geschwistern nichts zu tun hat, sondern lediglich mit der Nachgiebigkeit des Gutmütigsten oder dem Pflichtbewusstsein des Verantwortungsvollsten. Häufig nutzen dies die egoistischeren oder bequemeren Geschwister aus. Diejenige – meistens ist es eine Tochter oder Schwiegertochter –, an der die Betreuung und Pflege der betagten Eltern hängen bleibt, empfindet diese einseitige Aufgabenverteilung in der Regel sehr wohl als ungerecht, hat aber nicht den Mut oder die Kraft, zu protestieren, zumal ein solcher Protest ihr ja leicht als Lieblosigkeit gegenüber den Eltern ausgelegt werden kann. Solche Fallen muss man durchschauen, um sich nicht einschüchtern oder überfahren zu lassen. Hier muss frühzeitig offen miteinander besprochen werden, wer welche Aufgaben übernimmt. Dabei haben grundsätzlich *alle* Kinder zunächst die gleichen Rechte und Pflichten!

Ziehen Sie also rechtzeitig Grenzen und akzeptieren Sie langfristig kein Verhalten, das Ihnen gegen den Strich geht! Denn je länger Sie es dulden, desto tiefer werden Sie verletzt – und desto schwerer wird es, sich zu wehren und das Steuer herumzureißen. In den Jahren der Studentenrevolte kursierte der Spruch: *»Wer sich nicht wehrt, lebt verkehrt!«* Das ist, was die seelische Verletzungsgefahr des Einzelnen betrifft, nicht ganz falsch. Man lebt verkehrt, wenn man nicht gelernt hat, dem anderen ein Stoppschild vor die Nase zu halten, bevor man unter die Räder kommt und schwer verletzt liegen bleibt. Man lebt verkehrt, wenn man nicht gelernt hat, anderen Menschen auch einmal die »rote Karte« zu zeigen, die besagt: »Jetzt reicht's! Jetzt bist du zu weit gegangen!« Man lebt verkehrt, weil man die Fürsorgepflicht für sich selbst missachtet.

Vierte Möglichkeit: Ich arbeite an meinem Selbstbewusstsein

Sind selbstbewusste Menschen leichter oder schwerer zu verletzen als weniger selbstbewusste? Wenn ich bei Vorträgen oder in Seminaren diese Frage stelle, dann geben erstaunlicherweise fast alle Zuhörer spontan die gleiche Antwort: »Selbstbewusste kann man nicht so leicht verletzen.« Warum ist das so? Aus mehreren Gründen:

- ▷ Selbstbewusste Menschen sind schwerer in ihrem Selbstwertgefühl zu erschüttern. Sie sind wie fest verwurzelte Eichen, an denen zwar auch der Sturm rüttelt, sie aber nicht so leicht zum Schwanken oder gar zum Umfallen bringen kann. Dazu ist ihre Kraft und Stabilität zu groß. Ihre Selbstachtung macht sie nicht unsensibel, aber widerstandsfähiger gegen Formen der Missachtung; sie können leichter »drüber stehen«.
- ▷ Selbstbewusste Menschen haben eher den Mut, klar ihre Bedürfnisse, aber auch ihre Gefühle zu äußern und damit ihrer Umgebung deutliche Signale zu geben. Sie haben den Mut, Verletztheit zu äußern, und befürchten nicht, deswegen für schwach gehalten zu werden. Sie sind keinem falschen Stolz unterworfen, der es ihnen abverlangt, gegenüber Dritten niemals Schwäche oder Unsicherheit, Betroffenheit oder Schmerz zu zeigen.
- ▷ Selbstbewusste Menschen wehren sich sehr früh und sehr klar, wenn Grenzen missachtet werden, wenn sie sich verletzt oder sich nicht gebührend respektvoll behandelt fühlen. Sie haben keine Scheu vor Konflikten und harten Konsequenzen, falls ihre Signale übergangen werden.
- ▷ Selbstbewusste Menschen haben eine Ausstrahlung, die ihre Mitmenschen zu eher respektvollem, zumindest vorsichtigem Verhalten veranlasst. Denn sie spüren: Hier steht mir jemand gegenüber, der mir gewachsen, wenn nicht sogar überlegen ist.
- ▷ Selbstbewusste Menschen haben ein klareres und positiveres Selbstbild und sind dadurch gegen Kritik und Infragestellungen besser geschützt.

▷ Selbstbewusste Menschen sind selbstkritisch. Sie sehen sich bei Konflikten nicht nur als Opfer, sondern denken auch über eigene Fehler nach. Dies ermöglicht ihnen eine sachlichere Beurteilung von Menschen und Situationen. Sie sitzen nicht auf dem hohen Ross der Selbstgerechtigkeit und sind deswegen auch eher vergebungs- und versöhnungsbereit.

Möglicherweise folgt bei Ihnen nach dieser Aufzählung der Seufzer: »Leider bin ich nicht besonders selbstbewusst. Können Sie mir einen Tipp geben, wie ich es werden kann?« Mit einem Tipp ist es hier natürlich nicht getan. Selbstbewusstsein, Selbstachtung, Selbstwertgefühl – das sind die Fundamente einer gesunden und positiven Identität. Doch wenige Menschen verfügen über ein wirklich *stabiles* Selbstwertgefühl. Bei den meisten ist es entweder seit der Kindheit eher schwach ausgeprägt, oder es schwankt sehr stark je nach den äußeren Einflüssen und Umständen.

Gewiss ist allerdings auch, dass kein Mensch immer und überall und in jeder Hinsicht selbstbewusst ist. Stattdessen gilt:

▷ Jeder Mensch hat Zeiten, in denen er mit Selbstzweifeln und fehlendem Selbstwertgefühl zu kämpfen hat, beispielsweise nach Erfahrungen des Scheiterns, des Versagens oder des Verlassenwerdens.
▷ Jeder Mensch kennt Personen, denen gegenüber er eher unsicher und gehemmt ist, sei es aufgrund ihrer Position, aufgrund der bisherigen Erfahrungen mit ihnen oder aufgrund ihrer Ausstrahlung. Man ist nicht jedem Menschen gegenüber gleich unbefangen, schon gar nicht, wenn man sich beispielsweise in einem Abhängigkeitsverhältnis befindet.
▷ Jeder Mensch hat wunde Punkte, an denen er besonders leicht zu verletzen ist. Diese wunden Punkte sind meist das Ergebnis von früheren Erfahrungen, die eine bleibende oder nur schlecht verheilte Wunde zurückließen. Oder es sind Defizite, die man an sich selbst wahrnimmt.
▷ Jeder Mensch fühlt sich in bestimmten Situationen unsicherer und weniger selbstbewusst als in anderen. Beispielsweise verunsichert

es die meisten Menschen, wenn sie vor einem großen Publikum oder auf einer Bühne stehen und sozusagen im Mittelpunkt der öffentlichen Aufmerksamkeit sind. Vor allem angesichts neuer und unbekannter Herausforderungen reagiert jeder Mensch zunächst mit Angst und Irritation, da er für diese Situation noch kein Handlungsprogramm hat. Das Selbstvertrauen wird erst erworben, wenn man sich der Herausforderung erfolgreich stellt.

Ich möchte auf einige »Teufelskreise« des Selbstwertgefühls eingehen, in die Menschen mit wenig Selbstachtung leicht hineingeraten und schwer herausfinden. Dabei will ich *Ziele aufzeigen*, die aus solchen verhängnisvollen Denk- und Verhaltenszirkeln herausführen:

Erstes Ziel: Selbstbewusstes Verhalten üben

Jesus sagt: *»Wer hat, dem wird gegeben werden, und wer nicht (viel) hat, dem wird auch noch (das wenige) genommen werden, was er hat«* (Lukas 19,26).

Damit ist deutlich ausgedrückt: Wer wenig Selbstbewusstsein besitzt, darf nicht von seiner Umwelt erwarten, dass er von ihr besondere Unterstützung oder Rücksicht erfährt. Das Gegenteil ist der Fall (wie wir schon beim Thema Grenzziehung gesehen haben): Wenig Selbstbewusste werden so behandelt, dass sie in Gefahr stehen, ihr geringes Selbstbewusstsein auch noch zu verlieren. Ausbrechen lässt sich aus diesem Teufelskreis nur, indem man lernt, sich zu behaupten. Das heißt: Man verhält sich so, *als ob* man selbstbewusst wäre. Das lässt sich üben, zum Beispiel indem man in einen Laden geht, sich beraten lässt und dann erklärt, dass man sich den Kauf noch einmal überlegen möchte. Dazu gehört Selbstbewusstsein, denn durch die Beratung wird von Seiten des Verkäufers ein Erwartungsdruck aufgebaut, und wenig selbstbewusste Menschen fühlen sich verpflichtet, diese Erwartung nicht zu enttäuschen. Sie kaufen unter Umständen etwas, ohne es wirklich zu wollen. Das Erfreuliche: Durch die positiven Erfahrungen wird aus dem »Als-ob-Selbstbewusstsein« mehr und mehr ein echtes Selbstwertgefühl, denn: Erfolg baut auf.

Zweites Ziel: Trügerische Stützen erkennen

Wenig selbstbewusste Menschen brauchen Stützen, um daran ihr Selbstwertgefühl festzumachen. Bei Kindern und Jugendlichen sind das immer häufiger Statussymbole wie Handys oder Kleider einer bestimmten Marke. Bei Erwachsenen sind es ebenfalls Statussymbole oder andere »Stärken«, mit denen sie die Bewunderung und Anerkennung der Umwelt erringen wollen:

- ▷ Ich bin attraktiv.
- ▷ Ich sehe viel jünger aus, als ich bin.
- ▷ Ich bin sportlich.
- ▷ Ich bin schlank.
- ▷ Ich bin reich, kann mir vieles leisten.
- ▷ Ich bin gebildet.
- ▷ Ich habe im Beruf viel erreicht.
- ▷ Ich habe einen erfolgreichen Partner.
- ▷ Ich habe wunderbare und erfolgreiche Kinder.
- ▷ Ich verkehre in exklusiven Kreisen.
- ▷ Ich kenne interessante und prominente Menschen.
- ▷ Ich bin eine perfekte Mutter und Hausfrau.
- ▷ Ich bin fleißig.
- ▷ Ich bin beliebt.
- ▷ Ich bin ...

Doch all diese Stützen unseres Selbstbewusstseins haben einen großen Nachteil: Sie sind auf ständige Resonanz von außen angewiesen – auf Belohnung, Bewunderung, Anerkennung, Neid, Aufmerksamkeit etc. Sobald diese Zufuhr fehlt oder schwächer wird, wackelt oder schwindet das Selbstwertgefühl. Es stürzt in dem Moment in sich zusammen, wo es seiner Hauptstützen beraubt wird.

Eine Abhilfe bestünde darin, dass unser Selbstwertgefühl sich (nicht ausschließlich, aber mit zunehmender Tendenz) auf Werte stützt, die nicht von außen vorgegeben werden. Gemeint sind Werte, die wir selbst uns geben, unabhängig davon, was andere für wichtig halten; Werte, die uns deshalb auch niemand zerstören oder nehmen kann. Im Bild der Pflanze gesprochen: Je verzweigter unser Wurzelwerk ist und je tiefer unsere eigenen Wurzeln reichen, desto unabhängiger sind wir davon, dass wir unablässig von anderen Menschen gedüngt und begossen werden. Natürlich bleiben wir abhängig von der Umwelt. Das, was uns lebendig und gesund erhält, muss immer auch von außen kommen. Aber diese Abhängigkeit ist weniger intensiv und weniger störungsanfällig, wenn wir genügend eigene Substanz haben, um in Krisen- und Belastungszeiten davon zehren zu können.[22]

Solche eigenen Werte können Tugenden sein wie Ehrlichkeit, Geradlinigkeit, praktizierte Nächstenliebe, Engagement für die Umwelt, aber auch Selbstannahme, Selbsterkenntnis oder Selbstüberwindung, Zeit für Freundschaften, Gastfreundschaft, ein einfacher Lebensstil. Auch der christliche Glaube birgt Werte in sich, die uns von den gerade vorherrschenden Normen unserer Zeit unabhängig machen und eine stabile Verankerung in ethischen Grundsätzen bieten. Diese Chance des Glaubens wird meines Erachtens zu wenig gesehen – und leider auch von vielen Glaubenden zu wenig genutzt: Sie wollen Kinder Gottes sein, bleiben aber im Herzen doch Kinder dieser Welt.

Drittes Ziel: Herausforderungen meistern

Entgegen dem verbreiteten heutigen Trend, sich ein möglichst bequemes und leidensfreies Leben zu wünschen, empfehle ich Ihnen, sich immer wieder neuen Herausforderungen zu stellen, und zwar Herausforderungen, die unsere inneren Stärken und unsere Belastbarkeit mobilisieren und trainieren. Also nicht der einmalige Bungee-Sprung oder die einmalige Matterhorn-Besteigung, sondern das bewusste Annehmen, Durchhalten und Aushalten von Belastungen, Schmerzen, Durststrecken, Enttäuschungen. Menschen mit wenig Selbstvertrauen fällt das sehr schwer. Doch: Mit jeder überstandenen Krise wächst unser Selbstvertrauen. Wir nehmen mit jeder durchgehaltenen Leidenszeit auch zu an Kraft und Zähigkeit. Das zu spüren vertieft die persönliche Selbstachtung und das Ver-

[22] Ein Beispiel: Im trockenen und heißen Sommer des Jahres 2003 litten die alten Weinstöcke weitaus weniger unter der Trockenheit als die jungen, denn die alten hatten viel tiefere Wurzeln.

trauen in die eigenen Kräfte. Kinder, denen ihre Eltern alle Stolpersteine aus dem Weg räumen, sind in späteren Jahren mit großer Wahrscheinlichkeit kaum oder nur kurze Zeit belastbar, da sie niemals lernen mussten, auch unter widrigen Umständen und erschwerten Bedingungen etwas durchzustehen. Dagegen tragen wohldosierte Zumutungen in der Erziehung dazu bei, dass ein Kind an Ausdauer und Selbstbewusstsein gewinnt und bei Durststrecken lernt, nicht gleich das Handtuch zu werfen. Belastbarkeit ist für den Erfolg im späteren Leben von unschätzbarer Bedeutung. Ich meine dabei sowohl den Erfolg im Beruf wie das Gelingen einer Partnerschaft oder anderer Beziehungen – denn hier werden wir unweigerlich mit Belastungen und Krisen, Frustrationen und Enttäuschungen konfrontiert.

Viertes Ziel: Selbstbestimmtes Engagement für andere

Menschen, die andere zu sehr über sich verfügen lassen, verlieren ihre Selbstbestimmung und deswegen oft auch ihre Selbstachtung. Wer sich hingegen aus freien Stücken und in selbst abgestecktem Maß für andere Menschen einsetzt – zum Beispiel durch ehrenamtliche Mitarbeit in einer Institution oder einem Verein –, der gewinnt dank der damit verbundenen positiven Erfahrungen erwiesenermaßen auch an Selbstwertgefühl und Selbstachtung. Man erlebt sich als kompetent und nützlich, man erfährt Dankbarkeit und Wertschätzung, man ist mit seinen Talenten gefordert – das sind nur einige der wertvollen Begleiterscheinungen von gelebter Nächstenliebe. Doch wichtig ist, dass man auch hier die innere Freiheit behält, Grenzen zu ziehen und sich unter Umständen auch wieder von einer Aufgabe oder einem Amt zu verabschieden, wenn es an der Zeit ist.[23]

[23] Aus diesem Grund ist das Engagement für Menschen, die *nicht* zur eigenen Familie gehören, in vielen Fällen unbelasteter und erfreulicher, da keine »Vergangenheit« und keine unausgesprochenen Ansprüche oder Vorwürfe zwischen den Beteiligten stehen. Beide Seiten sind innerlich freier und unabhängiger. Auch wird das Geleistete niemals als selbstverständlich betrachtet, sondern entsprechend wertgeschätzt.

Fünftes Ziel: Guter Umgang mit sich selbst

Menschen mit wenig Selbstwertgefühl und Selbstachtung gehen mit sich selbst häufig eher lieblos und unaufmerksam um. Sie gönnen sich oft nicht viel, hören nicht auf ihre innere Stimme, sind taub für persönliche Bedürfnisse und missachten hartnäckig eigene körperliche und seelische Grenzen. Meist zwingt sie erst eine Krankheit zum Innehalten und Kürzertreten. Doch nicht nur Krankheit, sondern auch Unzufriedenheit, Gereiztheit, Empfindlichkeit, innere Unruhe, Launenhaftigkeit, Neigung zu Neid und schnellem Zorn, Ungeduld, leichte Erschöpfbarkeit sind unter Umständen Anzeichen für eine seelische Not. Es sind möglicherweise Alarmsignale der Seele, die uns drängen innezuhalten, um die Ursache für unsere Probleme zu erkennen. Sehr häufig ist die tiefere Ursache ein Durst der Seele, der mit den gewohnten Mitteln nicht zu stillen ist. Dann sollte man diesem Durst nachgehen und nach anderen Quellen suchen. Die Bibel lässt keinen Zweifel daran, dass der Durst der Seele zum Menschen gehört und sich durch weltliche Güter und Gaben nicht befriedigen lässt. Jesus von Nazareth sagte zu der Frau, die Wasser am Brunnen holte: »*Wer von diesem Wasser trinkt, den wird immer wieder dürsten; wer aber von dem Wasser trinkt, das ich ihm geben werde, den wird nie mehr dürsten, denn das Wasser, das ich ihm gebe, wird in ihm eine Quelle jenes Wassers werden, das Leben bis in die Ewigkeit schenkt*« (Johannes 4,14). Mit anderen Worten: Alles Irdische schenkt nur vorübergehendes Glück und vorübergehende Befriedigung, die Verbindung mit Jesus Christus aber durchdringt und verwandelt den Menschen in einer Weise, die ihn unabhängiger von menschlichen »Bewässerungsaktivitäten« macht. Zum guten Umgang mit sich selbst gehört nach christlicher Auffassung also auch die intensive Beziehung zu Jesus bzw. die intensive Hinwendung zu Gott, dem Urgrund und Mutterboden unseres Lebens.

Sechstes Ziel: Verbindliche Freundschaften

Neben seiner intensiven Verbindung mit Gott fällt an Jesus auf, dass er frühzeitig eine enge Gemeinschaft um sich scharte, indem er zwölf Männer zu seinem Jüngerkreis erwählte. Jesus lehrte und prägte diese Menschen durch seine Worte und sein Leben; er sorgte für sie und verwandelte ihr Dasein – doch er wurde auch von ihnen getragen und gestützt, entlastet und versorgt.[24] Man darf diese Gemeinschaft nicht als Einbahnstraße sehen, so als ob Jesus nur der Gebende und die Jünger nur die Nehmenden gewesen seien.

Wäre dem so gewesen, dann hätte Jesus nicht ausgerechnet in seinen schwersten Stunden vor der Gefangennahme und Kreuzigung wiederholt drei seiner Jünger gebeten, doch mit ihm zu wachen und zu beten. Sie erkannten den Ernst der Lage nicht und waren zwar körperlich anwesend, schliefen aber ein und ließen ihn somit seelisch allein. Jesus litt darunter, weckte sie wieder auf, doch er musste erkennen, dass sie ihm in dieser Situation keine Stütze sein konnten. Dennoch zeigt die genau geschilderte Szene, dass auch Jesus sich von seinen Freunden seelischen Beistand erhoffte – und dass er als selbstbewusster Mensch auch den Mut hatte, sein Bedürfnis klar zu äußern und zu seiner Abhängigkeit zu stehen. Wie viel mehr stehen wir als seine vermutlich weitaus weniger belastbaren Anhänger in dieser Abhängigkeit!

Alle guten und fruchtbaren Freundschaften zwischen Menschen sind ein Gewinn für beide Seiten, weil beide Seiten gleichermaßen Schenkende und Empfangende sind. Doch gute Freundschaften sind wie edle Weine: Sie brauchen sorgfältige Pflege, gute Entwicklungsbedingungen und Zeit zur Reifung. Es gibt keine Erfolgsgarantie, dass die Mühen sich lohnen werden – und doch ist sicher, dass der Weinbauer nur so viel an Qualität erzielen wird, wie er an Zeit, Geist und Energie zu investieren bereit ist. Mit unseren Freundschaften verhält es sich genauso. In einer schnelllebigen Zeit wird leicht vergessen, dass Freundschaften nicht im Eilverfahren geschlossen und vertieft werden können. Außerdem gilt nach wie vor der Grundsatz: Um einen Freund zu finden, musst du ein Freund sein. Die Initiative muss von unserer Seite ausgehen, wenn uns an Freundschaft etwas gelegen ist.

[24] Allerdings gehörten zu Jesu unterstützenden Begleitern auch Frauen, siehe Lukas 8,2-3.

Diese sechs Ziele zur Steigerung und Stabilisierung unseres Selbstwertgefühls sind selbstverständlich nur ein Ausschnitt dessen, was man tun kann. Doch sie zeigen: Die Arbeit am Selbstbewusstsein ist eine lebenslange Aufgabe, die Training und Einsatz erfordert – je nach den Voraussetzungen, die jeder mitbringt. Um Kränkungen zu vermeiden und zu heilen ist diese Arbeit am Selbstbewusstsein unerlässlich – ganz abgesehen davon, dass sie unsere Persönlichkeit insgesamt stabilisiert und unsere Lebensqualität in vieler Hinsicht steigert.

Doch nun eine letzte Möglichkeit, wie wir uns gegen Verletzungen schützen können.

Fünfte Möglichkeit: Ich hüte mich vor Selbstgerechtigkeit

Selbstgerecht zu sein bedeutet, sich selbst von jeder Schuld, ja sogar jedem Schuldanteil an einem Problem oder Konflikt, an einer Beziehungsstörung oder erlittenen Kränkung freizusprechen. Wer selbstgerecht ist, beteuert vor sich und anderen: »Ich habe nichts falsch gemacht! Mein Gewissen ist rein!« Der Vorteil: Die Verantwortung für den Konflikt oder das Problem wird auf die Umwelt abgewälzt. Das entlastet natürlich das eigene Gewissen. Der Nachteil: Mit einer solch einseitigen Schuldzuschreibung verriegelt man vor sich selbst die Tür zu Vergebung und Versöhnung, und zwar aus mehreren Gründen:

- ▷ Ein selbstgerechter Mensch wird alle Appelle der Gegenseite – der Geschädigte möge wenigstens eine Teilschuld anerkennen (»Du hast auch deinen Teil dazu beigetragen, dass es so weit kam!«) – entrüstet und empört zurückweisen. Auf diese Weise wird der Graben zwischen den Beteiligten immer tiefer, weil die Gegenseite die einseitige Schuldzuschreibung nicht akzeptiert und nicht zu Kreuze kriecht.
- ▷ Der Mangel an jeglicher Selbstkritik verhindert, dass ein selbstgerechter Mensch aus der eigenen Opferrolle ausschert. Eine ob-

jektivere Sicht des Geschehens ist nicht möglich, da das Opfer blind ist für die eigenen Täteranteile. Die Neigung zum Selbstmitleid ist hingegen sehr groß. Vergebung wird dadurch zu einem immer unerreichbareren Ziel, denn Wunden heilen nicht dadurch, dass man immer wieder in ihnen rührt.

▷ Der selbstgerechte Mensch klammert sich an seine Kritik oder seine Anklage, um sich nicht mit der eigenen Mitverantwortung oder Problematik auseinander setzen zu müssen. Ein nettes Beispiel: »Schatz«, sagt eine Frau zu ihrem Mann auf einer Party, »trink lieber nichts mehr. Du siehst schon so verschwommen aus.«[25]

Jesus durchschaute diesen zu allen Zeiten sehr verbreiteten Abwehrmechanismus und sagte: *»Warum siehst du nur auf den Splitter im Auge deines Bruders, doch den Balken im eigenen Auge erkennst du nicht?«* (Matthäus 7,3). Das Starren auf die Schuld des anderen hindert uns daran, die eigene Schuld zu erspüren.[26]

Man kann davon ausgehen: In der Regel liegen bei Kränkungen die Schuldanteile fast immer auf beiden Seiten – allerdings natürlich selten gleich verteilt. Ich maße mir nicht an, *grundsätzlich* von einer »Mitschuld« des Verletzten zu sprechen, doch zeigt die Erfahrung, die ich mit eigenen und fremden Verletzungen gemacht habe, dass zwei dazugehören, damit es zu einer tiefen Kränkung kommt.

Es gehört zum christlichen Selbstverständnis, sich nicht als fehlerlos einzuschätzen. Vergebungsbereitschaft hat viel mit dem Bewusstsein eigener Vergebungsbedürftigkeit zu tun, wie die Bitte des Vaterunsers deutlich macht: *»Und vergib uns unsere Schuld, wie auch wir vergeben unseren Schuldigern«* (Matthäus 6,12).

[25] Aus: Anthony de Mello, Wer bringt das Pferd zum Fliegen? Freiburg 1989, S.146.

[26] Wer allerdings m.E. das Recht hat, sich bei Verletzungen schuldlos zu fühlen, sind Kinder. Sie sind der Gewalt, dem Willen und vor allem der Willkür der Erwachsenen gegenüber letzten Endes wehrlos. Das Gleiche gilt für Erwachsene, wenn sie unvorhersehbar und überraschend das Opfer fremder Gewalt werden. Das gilt für körperliche Wunden und Schäden, die beispielsweise durch Unfälle verursacht werden, bei denen nur einer schuldig ist, sowie für Raubüberfälle und Vergewaltigungen. Es gilt für Menschen, die allein aufgrund ihres Aussehens oder ihrer Nationalität Opfer von Willkür und Beleidigung oder gar Gewalt werden. Hier kann von keiner Mitschuld der Betroffenen ausgegangen werden.

6 Was geschieht mit unserem Körper, wenn wir verletzt werden?

Lebendig ist, wer das Leben liebt, das Licht erwartet, auch in den Tagen des schwarzen Sturms, und nicht aufhört zu lieben.
Luigi Nono

Grundsätzlich lässt sich sagen: Unser Körper reagiert auf eine seelische Bedrohung oder Verletzung so, wie er auch auf eine körperliche Bedrohung oder Verletzung reagiert. Denn in beiden Fällen meldet das Gehirn »Achtung, Gefahr in Verzug!« und schlägt Alarm. Ob diese Gefahr aus einem wilden Tier, einer harmlosen, aber eklig aussehenden Spinne oder aus einem Menschen besteht, der uns mit Worten angreift, macht zunächst keinen Unterscheid aus: Der menschliche Organismus reagiert darauf mit der so genannten Alarm- oder Stressreaktion. Sie ist die Folge der geistig-seelischen Anspannung, die den Menschen immer dann ergreift, wenn er sich in Gefahr oder unter Druck fühlt.

Man kann also sagen, dass alle Wahrnehmungen, Gedanken und Gefühle, die uns in Spannung versetzen, diese Stressreaktion des Körpers auslösen – ob es sich bei dieser Spannung um angenehme und freudige oder um unangenehme, beängstigende oder traurig machende Erlebnisse und Gefühle handelt. Wir weinen ja auch sowohl bei tiefster Verzweiflung und Trauer als auch bei höchster Freude. Denn Tränen haben immer etwas zu tun mit innerer Anspannung, die sich entlädt.

Doch welche Verhaltensweisen und Worte anderer Menschen versetzen uns in negative Spannung? Ganz einfach: Alle, durch die wir uns beispielsweise in Frage gestellt, angegriffen, verunsichert, bedroht, beleidigt, gedemütigt, bloßgestellt, beschämt, verraten, missbraucht, enttäuscht und gekränkt fühlen. Merke: Entscheidend ist nicht, was die *Absicht* des Gegenübers war oder was er *meinte*, sondern wie sein Handeln oder Reden auf uns *wirkte*, wie wir es *gedeutet* haben. Davon hängt ab, ob unser Gehirn sozusagen auf den »Alarmknopf drückt« und die Stressreaktion auslöst, oder ob wir ganz entspannt im Hier und Jetzt bleiben. Beispiel: Wenn vor uns unverhofft ein großer fremder Hund auftaucht, reagieren wir in der Regel im ersten Moment mit nervöser Spannung. Das Programm, das daraufhin in unserem Organismus abläuft, hat die überlebenswichtige Funktion, uns zu schnellem und möglichst wirkungsvollem Handeln zu befähigen. Bei Gefahr gibt es im Wesentlichen zwei sinnvolle Reaktionsmöglichkeiten: entweder Kampf oder Flucht. Unser Körper bereitet uns blitzschnell auf diese beiden Verhaltensweisen vor – und zwar ohne dass wir darauf bewusst Einfluss nehmen könnten. Denn wenn alles von unserer Reaktionsschnelligkeit abhängt, ist längeres Nachdenken weder sinnvoll noch notwendig, sondern im Gegenteil unter Umständen sogar gefährlich. Die Stressreaktion bei Tier und Mensch ähnelt sich und ist heute sehr genau erforscht. Zu ihr gehören unter anderem folgende Veränderungen:

▷ Die Atmung wird schneller und flacher, wodurch mehr Sauerstoff in die Lungen gelangt.
▷ Der Blutdruck steigt, ebenso die Herzfrequenz.
▷ Das Blut wird aus der Haut, dem Verdauungstrakt und anderen Körperregionen abgezogen, um in die Muskeln gepumpt zu werden.
▷ Die Muskeln spannen sich an und bereiten sich auf Aktivität vor.
▷ Hormone sorgen dafür, dass dem Blut vermehrt ein Gerinnungsstoff beigemischt wird (»Blutverdickung«), damit im Fall von Verletzungen die Gefahr des Verblutens geringer ist.
▷ Die Verdauung wird vorübergehend lahmgelegt.
▷ Die Schweißdrüsen arbeiten intensiver.
▷ Die Hormone der Nebennierenrinde – unter anderem Cortisol und Adrenalin – bewirken, dass der Körper sich auf Höchstleistungen vorbereitet.
▷ Gleichzeitig haben diese Hormone eine Dämpfung des Immunsystems zur Folge.

- ▷ Das klare und analytisch-logische Denken ist beeinträchtigt; der Mensch neigt zu unüberlegtem Verhalten (vgl. Begriffe wie »ausrasten«, »überreagieren«, »kopflos handeln«, »Blackout«).

Das Alarmprogramm des Menschen ist so beschaffen, dass eine Entschärfung der Situation bzw. eine Lösung des Problems aus Sicht des Organismus offenbar nur mit Hilfe körperlicher Aktivität möglich ist. Das fällt schon bei Kindern auf. Bevor sie über Sprache verfügen, lösen sie Probleme mit nichtsprachlichen Methoden: schreien, brüllen, strampeln, wild um sich schlagen, treten, weglaufen, beißen, stoßen, boxen usw. Und auch wenn ein Kind sprechen kann, bedarf es langer, geduldiger und konsequenter Erziehung, um zu verhindern, dass es bei Wut, Angst oder Ärger (um nur einige Formen der inneren Anspannung zu nennen) in seine alten, vorsprachlichen Verhaltensweisen zurückfällt.

Auch wir Erwachsenen neigen, je nach Veranlagung und Vorbildern, unter Stress zu diesen »primitiven« Reaktionen: Wir werden lautstark, wir werden handgreiflich, wir drücken unsere Aggressivität mit dem Körper aus. Bei dem einen genügt eine kleine Beleidigung, um ihn »ausrasten« zu lassen, beim anderen braucht es schon enorm viel Druck, bis er tätlich wird. Dennoch: Die körperlichen Veränderungen, die sich bei Verletzungen oder bei Verletzungsgefahr in Sekundenbruchteilen in uns abspielen, stellen alle Ressourcen bereit, um körperlich aktiv zu werden und etwas zu unserem eigenen Schutz zu unternehmen.

Die Menschen haben im Übrigen schon sehr frühzeitig den Zusammenhang zwischen eigener seelischer Anspannung und entsprechenden körperlichen Veränderungen bemerkt. Das belegen zahlreiche, zum Teil sehr alte Redewendungen. Hier eine kleine Auswahl:

- ▷ *Das geht mir unter die Haut, das juckt mich (nicht):* Unter Stress bekommen Menschen eher Hautausschläge, z.B. Herpes, da das Immunsystem geschwächt ist.
- ▷ *Ich könnte aus der Haut fahren:* siehe oben.
- ▷ *Das hält man im Kopf nicht aus:* Seelische Anspannung ist eine häufige Ursache von Migräne und Spannungskopfschmerz.

▷ *Das hängt mir zum Hals heraus*: Diese Formulierung spielt vermutlich darauf an, dass man unter Stress oft keinen Appetit hat oder uns nach Erbrechen zumute ist.

▷ *Davon bekomme ich einen dicken Hals:* Aufgrund des geschwächten Immunsystems ist man unter seelischer Anspannung anfälliger für Erkältungen aller Art, also auch für Halsweh, Halsentzündung etc.

▷ *Mir platzt der Kragen:* wegen des dicken Halses!

▷ *Da bleibt mir die Luft weg:* Stress führt leicht zu Kurzatmigkeit.

▷ *Mir bleibt die Spucke weg:* Unter Stress wird im Mund weniger Speichel produziert.

▷ *Das schnürt mir die Kehle zu:* Bei Bedrohung, Angst oder Trauer entsteht ein Gefühl der Enge im Hals, vermutlich auch wegen der Trockenheit aufgrund Speichelmangels.

▷ *Mir sitzt ein Kloß im Hals:* siehe oben.

▷ *Da habe ich schwer dran zu schlucken/kauen:* Hier wird vermutlich auf den engen Hals, die Mundtrockenheit sowie die Verdauungsprobleme bei Stress angespielt.

▷ *Das liegt mir schwer im Magen:* Die Stressreaktion legt den Mechanismus lahm, der für eine geregelte Verdauung sorgt. Davon betroffen sind Magen, Darm, Leber, Nieren, Galle:
  - *Mir dreht's den Magen um.*
  - *Da könnte ich kotzen.*
  - *Das habe ich nicht verdaut.*
  - *Mir kommt die Galle hoch.*
  - *Da könnte ich Gift und Galle spucken.*
  - *Das geht mir an die Nieren:* Die Nieren reagieren sensibel auf emotionalen Stress.[27]

▷ *Ich mache mir vor Angst in die Hosen*: siehe oben.

▷ *Das habe ich in mich hineingefressen:* Bei seelischer Anspannung ist auch das Ernährungsverhalten in Mitleidenschaft gezogen. Manche Menschen reagieren mit Appetitlosigkeit, viele mit übersteigertem, maßlosem oder zu hastigem Essen.

[27] In der Bibel sind die Nieren – nicht das Herz – der Sitz der Gefühle!

▷ *Mir fällt ein Stein vom Herzen:* Das Herz ist von Stress massiv betroffen und reagiert sehr empfindsam auf seelische Anspannung wie Druck, Angst, Ärger, Wut, Groll etc. Dies zeigen auch die folgenden Redewendungen:
  - *Das geht mir sehr zu Herzen.*
  - *Das bricht mir noch das Herz.*
  - *Ich bringe es nicht übers Herz.*
  - *Mir blutet das Herz.*
  - *Mir klopft das Herz bis zum Hals.*
  - *Mir rutscht das Herz in die Hose.*

▷ *Ich dachte, mich trifft der Schlag:* Bei hohem Blutdruck und Aufregung ist die Gefahr von Schlaganfällen erhöht.

▷ *Das sitzt mir in den Knochen:* Diese Redewendung weist darauf hin, dass seelische Anspannung auf den ganzen Menschen übergreift und oft auch zu Gelenkschmerzen führen kann.

▷ *Ich beiße die Zähne zusammen:* Seelische Anspannung zeigt sich oft in Kieferverspannungen und nächtlichem Zähneknirschen.

▷ *Ich habe die Nase voll:* Das aufgrund der Stresshormone geschwächte Immunsystem begünstigt Erkältungen, z. B. Schnupfen und Husten, wie auch folgende Redewendungen zeigen:
  - *Ich bin verschnupft.*
  - *Dem könnte ich was husten.*
  - *Ich bekomme kalte Füße:* Bei Anspannung, z. B. aufgrund von Angst, wird das Blut aus den äußeren Gliedmaßen abgezogen, man friert also leichter an Händen und Füßen.

▷ *Das ist doch zum Haareraufen:* Haarausfall kann stressbedingt sein.

Diese Aufzählung macht die unerhört enge Verbindung von Körper und Geist/Seele deutlich: Was uns seelisch bewegt, lässt auch den Körper »mitschwingen«, mitreagieren. Psalm 63,2 spricht von dieser Einheit: *»Gott, du bist mein Gott, den ich suche. Es dürstet meine Seele nach dir, mein ganzer Mensch verlangt nach dir ...«*

Für den Umgang mit Verletzungen bedeutet das: Alles, was uns kränkt oder verbittert, ärgert oder enttäuscht, verunsichert oder tief trifft, hinterlässt auch Spuren in unserem Körper und zieht ihn in Mitleidenschaft. Es belastet ihn. Es kostet ihn zusätzliche Energie. Es verändert ihn ...

Es sind die Hormone, die das Bindeglied zwischen Gehirn und übrigem Organismus bilden. Durch entsprechende Signale des Gehirns werden bestimmte Hormone produziert und in den Blutkreislauf ausgeschüttet. Sie leiten ganz spezifische Veränderungen in den einzelnen Zielorganen ein.

Dieses wohl geordnete Alarmprogramm des menschlichen Organismus ist für seine ursprünglichen Zwecke nach wie vor höchst sinnvoll und nützlich, doch bringt es für uns Menschen des 21. Jahrhunderts ein Problem mit sich: In einer zivilisierten Gesellschaft werden zwischenmenschliche Probleme in aller Regel nicht mehr durch Kampf oder Flucht gelöst, sondern durch Diskussion und Gespräch oder, falls dies nicht möglich ist, durch Schweigen (= inneren oder äußeren Rückzug). Unsere biologischen Begleitprogramme passen deshalb in vielen Fällen nicht zu der Art, wie wir mit Konflikten umgehen.

Wenn sich Menschen, die aus irgendwelchen Gründen seelisch und körperlich angespannt sind, allerdings bewegen, ihre Muskeln betätigen, körperlich aktiv sind, kurz: ihrer Anspannung in irgendeiner neutralen Form Luft verschaffen, dann wird die körperliche Stressreaktion unter Umständen recht schnell und vollständig wieder abgebaut. Es ist deshalb wichtig, dass wir in unserem Alltag oder unserer Freizeit Möglichkeiten suchen, uns körperlich zu betätigen bzw. anzustrengen. Dadurch bleiben wir nicht nur fit, sondern bauen gleichzeitig Stresshormone und damit verbundene muskuläre Verspannungen ab.

Doch was ist, wenn die *Ursache* unserer seelischen und damit auch körperlichen Anspannung bestehen bleibt? Die Antwort liegt nahe: Dann klingen auch die körperlichen Auswirkungen nicht oder nur unvollständig ab. Jede Art von seelischer Verletzung bewirkt im Menschen, dass sein seelisches Gleichgewicht gestört ist. Der Kern der Verletzung – die Erschütterung unseres Selbstwertgefühls, der Angriff auf unsere Selbstachtung – hat eine seelische Krise zur Folge, die den Körper mit erfasst, ihn ebenfalls aus dem Lot bringt. Die damit verbundene Stressreaktion ist weitgehend ungefährlich, wenn sie nur kurzfristig andauert.

Ein Beispiel für eine nur kurzfristige Stressreaktion: Wir sind mit dem Auto unterwegs, haben es eilig und fahren zügig, um pünktlich unser Ziel zu erreichen. Die damit einhergehende körperliche Anspannung hält sich in Grenzen; sie steigt jedoch dramatisch an, wenn wir auch noch in einen Verkehrsstau geraten. Der Schweiß bricht uns aus, das Herz schlägt schneller, unsere Muskeln verkrampfen sich, wir atmen viel zu schnell und zu flach. Im Geist rechnen wir nach, ob wir es wohl noch schaffen, rechtzeitig anzukommen ... Plötzlich löst sich der Stau auf, wir können zügig weiterfahren. Wir gehen davon aus, dass wir uns nur um wenige Minuten verspäten. Unser Herzschlag normalisiert sich, die Atmung wird ruhiger, wir merken, dass wir uns wieder entspannen. Da der Stressauslöser verschwunden ist, klingt die Stressreaktion schnell ab.

Immer dann, wenn nach dem Alarm die Entwarnung kommt und auf Anspannung Entspannung folgt, ist mit einem relativ raschen Abklingen der Stressreaktion zu rechnen, vor allem wenn dieses Abklingen mit körperlicher Bewegung und Entspannung zusätzlich unterstützt wird. Doch wenn wir verletzt sind und verletzt *bleiben* – so besteht auch die körperliche Belastung weitgehend unvermindert fort. Das führt langfristig zu Schäden und Erkrankungen, da der Körper auf eine solche Daueranspannung nicht eingerichtet ist und sie auch nicht wegstecken kann. Eine dauerhafte körperliche Stressreaktion hat deshalb folgende mögliche Langzeitfolgen:

- ▷ Es kommt aufgrund der zu flachen Atmung zu Lungenproblemen, weil die Lunge nicht mehr optimal durchblutet wird.
- ▷ Der Blutdruck pendelt sich auf hohem Niveau ein; wir leiden unter *essentieller Hypertonie* (chronischem Bluthochdruck), mit allen Risiken und Nebenwirkungen.
- ▷ Durch die chronische Überbelastung des Herzens steigt die Gefahr von Herzinfarkt, Herzanfällen, Herzflimmern, Herzrhythmusstörungen und anderen Komplikationen.
- ▷ Grundsätzlich steigt das Risiko für Herz-Kreislauf-Erkrankungen.

- Die chronischen Muskelverspannungen führen zu Verhärtungen der Muskulatur, die starke Schmerzen und Einschränkungen verursachen können.
- Die Störung der Verdauungstätigkeit begünstigt Krankheiten des Magen-Darm-Bereichs sowie Störungen der Nierenfunktion.
- Möglicherweise wird durch Dauerstress auch die Entstehung von Nieren- und Gallensteinen begünstigt.
- Wir haben Schwierigkeiten sowohl beim Einschlafen als auch beim tiefen Durchschlafen; der Schlaf ist gestört und unruhig.
- Aufgrund des geschwächten Immunsystems sind wir anfälliger für Infektionen und ansteckende Krankheiten aller Art und brauchen länger, bis wir wieder gesund sind. Die Wundheilung ist verzögert.
- Tumore können bei einem geschwächten Immunsystem ungehemmter wachsen, da nicht genug der auf die Tumorbekämpfung spezialisierten Immunzellen produziert werden.

Das sind nur einige der möglichen *langfristigen Auswirkungen* von nicht bearbeiteten Verletzungen. Natürlich gibt es keine zwingenden Konsequenzen: Nicht jeder, der gestresst ist und bleibt, wird langfristig krank! Die Ausgangsbedingungen – Erbanlagen, erworbene Reaktionsmuster, körperliche Vorschädigungen, individuelle Belastbarkeit, individuelle körperliche Schwachstellen etc. – sind bei jedem Menschen so unterschiedlich, dass sich keine einfachen Prognosen abgeben lassen. Man kann deshalb beim jetzigen Stand der Forschung auf keinen Fall pauschal sagen: »Wer nicht vergibt, wird krank!«

Es ist aber berechtigt zu sagen (teilweise sogar schon wissenschaftlich belegt): »Wer nicht vergibt, belastet nicht nur seinen Geist und seine Seele, sondern auch seinen Körper, was langfristig ein Gesundheitsrisiko bedeutet.«

Einige Beispiele aus der medizinischen Forschung sollen den engen Zusammenhang zwischen körperlicher und seelisch-geistiger Verfassung veranschaulichen:

- »Die psychosomatische Herzforschung konnte in den 90er-Jahren wiederholt zeigen, dass Vergebenkönnen zu den wichtigsten Schutzfaktoren (für unsere Gesundheit; d. Verf.) gezählt werden muss – während Ärger oder Wut dem Herzen gefährlich werden. Verzeihen und Vergeben senken den Blutdruck nachweislich stärker als häufig verschriebene Diuretika (= Blutdruck senkende Mittel; d. Verf.). Jüngste Befunde (...) signalisieren, dass allein die Erinnerung, unfair und ungerecht behandelt worden zu sein, den Blutdruck teilweise dramatisch erhöht – und sich im Gegensatz zu den ›Racheengeln‹ diejenigen am besten und schnellsten erholen, die versöhnlich reagieren können.«[28]

- »Alle Wissenschaftler (von 29 Forschungsprojekten zum Thema Verzeihen; d. Verf.) kommen zu einem ähnlichen Resultat: Verzeihen ist gesund (...) Frederic Luskin (...) hat unter anderem mit nordirischen Frauen gearbeitet, deren Söhne im Bürgerkrieg umgebracht worden waren. Er stellt fest, dass bei Menschen, die nicht verzeihen können, anhaltende Wut zu Herzkrankheiten und einer Schwächung des Immunsystems führt. ›Wenn wir verletzt werden, leiden sowohl Körper als auch Seele. Je mehr Wut wir empfinden, desto mehr schüttet unser Körper chemische Stresssubstanzen aus, die mit der Zeit die Gesundheit belasten.‹«[29]
- »Menschen, die ihrer Mitwelt feindselig gegenüberstehen, sind infarktgefährdet. Das hat jetzt eine amerikanische Untersuchung bestätigt. (...) 774 ältere Männer wurden über drei Jahre beobachtet. Knapp sechs Prozent jener Teilnehmer, die sich im Fragen als beträchtlich feindselig erwiesen hatten, entwickelten eine Erkrankung der Herzkranzgefäße. Feindseligkeit war damit der bedeutendste aller erfassten Risikofaktoren – stärker noch als jene Gefahren wie Rauchen, Fettleibigkeit, hohe Blutfett- und Blutdruckwerte. (...) Die Datenanalyse zeigte, dass eine feindselige Haltung sogar *unabhängig* von diesen bekannten Risiken die Wahrscheinlichkeit für eine Herzerkrankung erhöhte.«[30]

[28] Psychologie heute, November 2000, S. 54-55.
[29] Psychologie heute, Mai 2001, S. 18.
[30] Psychologie heute, April 2003, S. 59.

7 Warum legt Jesus so großen Wert auf Vergebung?

Gott verlangt nichts vom Menschen, ohne ihm zugleich die Kraft dafür zu geben.

Edith Stein

Wer die Evangelien genauer liest, stellt fest, dass Jesus den zwischenmenschlichen Beziehungen eine zentrale Bedeutung zugemessen hat. An ihnen zeigt sich ganz konkret, wie es um unseren Glauben bestellt ist. Nach dem Grundsatz *»Ein guter Baum bringt gute Früchte«* (Matthäus 7,17) ließ Jesus keinen Zweifel daran, dass sich im Umgang der Menschen miteinander am deutlichsten zeigt, »wes Geistes Kind« sie sind, mit anderen Worten: von welchen Motiven sie geprägt und durchdrungen sind.

Schwierig wird der Umgang miteinander immer dann, wenn es zu Interessenkonflikten, Auseinandersetzungen, Enttäuschungen und Kränkungen aller Art kommt, bis hin zu Ungerechtigkeit, Hass und Gewalt. Dann wird der betroffene Mensch auf eine harte Bewährungsprobe gestellt: Wie soll er reagieren? Das Naheliegendste und Einfachste ist: so handeln, wie er selbst behandelt wurde. Er verhält sich sozusagen spiegelbildlich: Wie du mir, so ich dir. Diese Reaktion hat zwei Vorteile:

- ▷ Es wird eine Art Ausgleich erreicht. Man hat sich nichts gefallen lassen und fühlt sich dank des Vergeltungsakts etwas erleichtert und weniger gedemütigt.
- ▷ Man muss sich keine Gedanken darüber machen, *wie* man reagieren soll, sondern orientiert sich am Verhalten des Verletzers.

Doch es gibt auch gravierende Nachteile bei dieser Reaktion:

- ▷ Die Kluft zwischen Verletzer und Verletztem bleibt und wird sogar tiefer.

▷ Die Beziehungsstörung ist nicht behoben.
▷ Die eigene Wunde verschwindet nicht. Sie heilt auch nicht dadurch, dass man dem anderen ebenfalls eine Wunde zufügt.
▷ Der innere Friede ist nicht zurückgewonnen.
▷ Es besteht die Gefahr, dass sich der Konflikt ausweitet (Teufelskreis der Rache).
▷ Die zwischenmenschliche Beziehungsstörung hat Auswirkungen auf die Beziehung zu Gott.

Ich gehe davon aus, dass Jesus zunächst das Glück des Einzelnen im Auge hat, wenn er von uns Vergebungsbereitschaft fordert. Und ich denke, dass Jesus unter diesem Glück zum einen die Harmonie von Körper, Geist und Seele und zum anderen den Einklang des Menschen mit Gott versteht.

▷ *»Ich bin gekommen, um zu suchen und überglücklich zu machen, was verloren ist«* (Matthäus 18,11).
▷ *»Nicht die Gesunden brauchen den Arzt, sondern die Kranken«* (Lukas 5,31).
▷ *»Ich bin gekommen, damit sie das Leben und mehr als das übliche Leben haben«* (Johannes 10,10).

Allein diese drei Aussagen machen deutlich: Jesus ging es um Lebensqualität im umfassenden Sinn, und er band diese Lebensqualität an seine Person. Er verstand sich dabei als »Brücke zum Vater«. Seine Sendung bestand darin, die Menschen von krankmachenden Bindungen und Belastungen aller Art zu befreien. Seine Botschaft war, dass diese Befreiung durch die Bindung an ihn – und damit an Gott – möglich ist. Jesus nannte diese Bindung, zu der er aufrief, nicht »Gehorsam« oder »Unterwerfung«, sondern »Nachfolge«. Nachfolge setzt Selbstständigkeit und eigene Aktivität voraus. Sie verlangt Entschlossenheit und Vertrauen zu der Person, der man hinterhergeht. Nachfolge ist ein dynamischer Begriff. Nachfolge enthält die Möglichkeit der Entwicklung, der Entfaltung, der Verwandlung. Nachfolge setzt Unterwegssein voraus, und wer unterwegs ist, weiß nicht, was ihm begegnet, was ihn an Entdeckungen und Überraschungen erwartet. Jesu Botschaft enthält drei zentrale Elemente:

- ▷ Er bringt den Menschen Gott nahe. Er will ihr Gottesbild korrigieren. Er zeigt ihnen Gott als unbedingt vertrauenswürdig.
- ▷ Er stellt sich selbst als Weg zu Gott dar. Die Bindung an ihn in der Nachfolge befreit zu wahrem Glauben, wahrem Menschsein, wahrer Liebe und Freude.
- ▷ Er gibt Anweisungen, wie wir unser Leben gestalten sollen, damit es gelingt, d. h. damit sich unser tiefstes Bedürfnis nach Frieden und Heil erfüllt: Frieden mit uns selbst, mit unseren Mitmenschen und mit Gott.

Im Folgenden sollen einige interessante Aussagen Jesu zur Frage des Umgangs mit Kränkungen genauer betrachtet werden.

Abkehr vom Schuldprinzip

»Glücklich sind die Friedensmacher, denn sie werden Gottes Kinder genannt werden« (Matthäus 5,9).

Glücklich, ja, überglücklich: »Selig« nennt Jesus jene Menschen, die sich aktiv für den Frieden einsetzen. Welchen Frieden? Den Frieden zwischen verfeindeten Ländern? Den Weltfrieden? Nein – es geht zunächst um unseren ganz persönlichen Frieden: den Frieden zwischen mir und meiner Mutter oder meinem Vater oder meinen Geschwistern, den Frieden zwischen mir und meinem Partner, meinem Nachbarn, meinem Kollegen, meinem Freund, meinem Feind usw. Es geht um die Beziehungen, in denen wir leben und für die wir mitverantwortlich sind. Jesus ist der Auffassung, dass wir diese Verantwortung nicht abgeben können im Sinne von »*Ich* habe ja nichts Böses getan, *ich* habe ja nicht angefangen!« Im Gegenteil: Verantwortlich für den Zustand und die Qualität einer Beziehung sind immer beide Seiten. Denn von beiden Seiten kann die Initiative zu Frieden und Versöhnung erfolgen – und zwar *unabhängig* davon, ob die Gegenpartei um Verzeihung bittet oder nicht.

Jesus wendet sich damit radikal vom Verursacher-Prinzip ab, welches lautet: »Wer schuldig ist, ist auch für die Wiederherstellung der Beziehung zuständig.« Der Grund für seine Abkehr ist wohl, dass es eben in der Regel bei menschlichen Konflikten nicht nur *einen* Schuldigen gibt. Dazu ein typischer Gesprächsausschnitt: »Zu diesem Streit ist es nur gekommen, weil du angefangen hast, mich zu beschimpfen.« – »Ich habe dich nicht beschimpft, ich habe mich nur gewehrt, weil du mich beleidigt hast.« – »Wie bitte, ich soll dich beleidigt haben? Es wird doch wohl noch erlaubt sein, die eigene Meinung zu sagen!« – »Aber *wie* du das gesagt hast, richtig aggressiv und gehässig!« – »Ja, aber nur, weil es jetzt schon zum wiederholten Mal vorkam, dass du mir mit Kritik über den Mund fährst!«

Dieser Dialog könnte noch beliebig lange fortgesetzt werden, aber das Ergebnis wäre immer das gleiche: Jede Seite nimmt für sich in Anspruch, »nur reagiert« zu haben. Keiner will die Ursache des Konflikts gewesen sein. Und in der Tat: Es ist oft selbst bei harmlosen Konflikten hinterher schwer zu beurteilen, wer jetzt eigentlich Schuld – oder zumindest mehr Schuld – hat. »Ein Wort gab das andere« heißt es dann, und das trifft die Sachlage vermutlich oft am besten.

Jesus wusste wahrscheinlich, dass der Streit darum, wer Schuld oder mehr Schuld hat, zum einen wenig bringt und zum anderen oft nur zu neuem Unfrieden führt, weil jede Seite die andere der größeren Schuld bezichtigt. Außerdem ist eine gestörte Beziehung auch für die Seite belastend, die möglicherweise tatsächlich nicht viel dazu beigetragen hat, dass es zum Zerwürfnis kam. Die Lösung liegt nach Jesu Überzeugung deshalb darin, auf die Schuldfrage schlicht und einfach zu verzichten und sich dem Versöhnungsziel zuzuwenden. Dieser Blick nach vorne bedeutet nämlich gleichzeitig die Abkehr von der lähmenden Rückschau auf die Vergangenheit.

Zwei weitere Aussagen Jesu unterstreichen, dass die Frage nach der (Mehr-)Schuld bei Beziehungskonflikten nicht weiterführt: *»Wenn ihr steht und betet, so vergebt, wenn ihr etwas gegen jemand habt, damit auch euer Vater in den Himmeln euch eure Verfehlun-*

gen vergebe« (Markus 11,25). Noch radikaler bei Matthäus: *»Wenn du deine Gabe zum Opferaltar bringst und dich dort erinnerst, dass dein Bruder etwas gegen dich hat, so lass dort deine Gabe stehen und geh und versöhne dich erst mit deinem Bruder«* (Matthäus 5,23–24). Die üblichen menschlichen Einwände (»Moment mal, wer ist denn schuld, dass es zum Streit kam? Ist es nicht das Problem meines Bruders, wenn er etwas gegen mich hat? Darf ich nicht wenigstens eine Entschuldigung erwarten, bevor ich vergebe?«) werden von Jesus nicht berücksichtigt. Er macht vielmehr deutlich: Das ist nicht wesentlich – wesentlich ist einzig und allein, dass ihr wieder zueinander findet, dass es nicht bei Groll und Unversöhnlichkeit bleibt.

Wer Frieden macht, ist aktiv. Er wartet nicht, bis die andere Partei reuig und demütig anmarschiert oder die Hand zum Frieden reicht, sondern geht selbst auf die andere Seite zu und streckt die Hand zur Versöhnung aus. Wer Frieden macht, dem ist es ein Anliegen, dass Frieden herrscht. Der will in gesunden Beziehungen leben. Der will, dass Wunden nicht weiterbluten, sondern heilen können. Der will, dass »Friede auf Erden« herrsche – und dieser Friede beginnt zweifellos in der eigenen Seele, in der eigenen Familie, in der eigenen Verwandtschaft, in den Verbindungen, die man mit Menschen hat oder hatte.

Wer Frieden macht, sagt Jesus, erweist sich als Sohn bzw. Tochter Gottes. Das heißt: Er erweist sich als einer, der zu Gott gehört und von Gottes Geist geprägt ist. Er erweist sich als einer, der Gott nahe ist, weil er verstanden hat, worum es Gott geht.

Abkehr vom Aktions-Reaktions-Zirkel

»Liebet eure Feinde!« (Matthäus 5,44)

Feinde – was sind das für Menschen? Es sind Menschen, die es nicht gut mit mir meinen oder denen ich ablehnend und feindselig gegenüberstehe. Natürlich kann die Feindschaft auch von beiden

Seiten kommen, dann hat jeder etwas gegen den anderen. Doch auch hier ist es müßig, nachzuforschen, wie es zu der gestörten Beziehung kam. Oft liegt das Ereignis weit zurück, oft wurde es von den Beteiligten völlig unterschiedlich erlebt und in der Erinnerung aufbewahrt, oft weiß die eine Seite gar nicht, warum die andere ihr feindselig begegnet.

Üblich ist, dass wir auf die Gefühle reagieren, die uns entgegengebracht werden: Wer freundlich zu uns ist, zu dem sind wir auch freundlich. Wer uns ablehnt, den lehnen wir auch ab. Das ist das Normale. Dazu gehört weder besonders viel Phantasie noch Kreativität, weder besondere Geistes- noch Willenskraft. Wer nur reagiert, bestätigt lediglich das Sprichwort: »Wie man in den Wald hineinruft, so schallt es heraus.«

Ist das ein Zeichen menschlicher Reife und geistiger Selbstständigkeit? Gewiss nicht. Ist ein solches Echo-Verhalten beeindruckend und hilfreich? Ebenso wenig. Was ist es dann? Es ist menschlich, allzu menschlich – aber gleichzeitig lähmend und, mit Verlaub gesagt, geistlos. Es führt aus der Misere nicht heraus, sondern immer tiefer hinein. Jesus lehrt hingegen:

»Ihr habt gehört, dass gesagt ward: Liebe deinen Nächsten! Und: Hasse deinen Feind! Ich aber sage euch: Liebt eure Feinde und betet für die, die euch verfolgen. So werdet ihr Kinder eures Vaters im Himmel. Denn er lässt seine Sonne aufgehen über die Bösen und über die Guten, und er lässt regnen über Gerechte und Ungerechte. Denn wenn ihr liebt, die euch lieben, was für Lohn werdet ihr dafür haben? Tun nicht dasselbe auch die Zöllner? Und wenn ihr nur zu euren Brüdern freundlich seid, was tut ihr Besonderes? Tun nicht dasselbe auch die Heiden?« (Matthäus 5,43–47)[31] Was verlangt Jesus hier von seinen Zuhörern? Erstens: Sie sollen sich von denen, die nicht an Gott glauben, unterscheiden. Ihre Verbundenheit mit Gott soll sich auch in ihrem Verhalten widerspiegeln. Dann und nur dann sind sie als Kinder des Vaters zu erkennen (sie-

[31] »Zöllner« waren Menschen, die aufgrund ihrer anrüchigen Tätigkeit als Sünder par excellence galten. »Heiden« waren alle, die nicht an den Gott Israels glaubten.

he oben). Zweitens: Sie sollen das Gesetz von »Wie du mir, so ich dir« durchbrechen und auf Hass nicht mit Hass reagieren. Nur so geben sie der Versöhnung und dem Frieden eine Chance. Doch was ist mit dem Wort »Liebe« an dieser Stelle gemeint?

Liebe als Haltung

Kann man einen Menschen auf Befehl lieben? Bestimmt nicht – wenn man unter Liebe ein spontanes Gefühl der Zuneigung und des Angezogenseins versteht. Dieses Gefühl wird sich bei einem erklärten Feind, Gegner oder Verletzer niemals einstellen, im Gegenteil. Auch wenn Jesus an anderer Stelle das Gebot *»Liebe deinen Nächsten wie dich selbst«* zitiert, kann nicht die Liebe als Gefühl gemeint sein, denn Gefühle lassen sich weder befehlen noch erzwingen, weder verordnen noch festhalten. Jesus muss unter Liebe also etwas radikal anderes verstehen.

Ich möchte das, was Jesus damit meint, als eine *Haltung* bezeichnen, die wir gegenüber unserem Nächsten einnehmen. Eine Haltung kann ich steuern. Das ist mit einer bewussten Entscheidung verbunden. So wie ich es in der Hand habe, ob ich gebückt oder aufrecht gehe, mich meinem Gegenüber zuwende oder ihm die kalte Schulter zeige, so kann ich auch steuern, mit welcher *geistig-seelischen* Haltung ich einem anderen Menschen gegenübertrete. Ich habe die Freiheit, ihm misstrauisch, zornig, verbittert, abweisend, verächtlich, herablassend oder feindselig gegenüberzutreten. Ich kann mich aber auch dazu entscheiden, mich ihm gegenüber freundlich, höflich, achtsam, gütig, offen und versöhnlich zu verhalten. Die Haltung macht sich im Ver-halten kund. Und Verhalten lässt sich lernen und ist unserem Willen unterworfen.

Wenn ich einen Feind »liebe«, dann bedeutet das also keinesfalls, dass ich dieser Person herzlich zugetan bin und sie am liebsten innig umarmen würde. Es bedeutet auch nicht, dass sämtliche feindseligen Gefühle auf Knopfdruck verschwunden sind oder sich ins Gegenteil verkehren. Ich trete der anderen Person vielmehr so gegenüber, dass zwischen uns wieder eine Annäherung möglich ist.

Ich vergelte nicht bzw. trage ihr nicht nach, was sie mir Böses angetan hat, sondern behandle sie so, dass der verhängnisvolle Teufelskreis der Vergeltung von meiner Seite durchbrochen wird. Das ist eine echte Herausforderung, denn zu solch einer Haltung gehören Mut, geistige Reife und Selbstständigkeit, Willenskraft, Selbstbewusstsein, Zielstrebigkeit und Souveränität. Denn: Wer Gleiches nicht mit Gleichem heimzahlt, obwohl er es könnte, der muss in irgendeiner Form »darüber stehen«. Die Verbundenheit mit Gott, so will Jesus uns offenbar deutlich machen, verhilft uns zu dieser Souveränität. Wir sehen uns und unsere menschlichen Verflechtungen gleichsam von einer höheren Warte aus. Wäre dem nicht so, dann würde Jesus den Menschen mit seinen Aussagen vollkommen überfordern.

Vergeben als Weitergeben

»Und vergib uns unsere Schuld, wie auch wir vergeben unseren Schuldigern« (Matthäus 6,12).

Jesus bringt seine Aufforderung, einander zu verzeihen, fast immer in Verbindung mit Gottes Bereitschaft, uns Menschen die Schuld zu vergeben:

»Verurteilt nicht, damit ihr nicht verurteilt werdet. Denn mit welchem Urteil ihr richtet, werdet ihr gerichtet werden; und mit welchem Maß ihr messt, werdet ihr gemessen werden. Was siehst du aber den Splitter im Auge deines Bruders und bemerkst nicht den Balken in deinem Auge?« (Matthäus 7,1–3)

»Denn wenn ihr den Menschen ihre Übertretungen vergebt, so wird euch euer himmlischer Vater auch vergeben. Wenn ihr aber den Menschen nicht vergebt, so wird euch euer Vater eure Übertretungen auch nicht vergeben« (Matthäus 6,14–15).

Will Jesus uns damit unter Druck setzen, will er uns Angst einjagen? Ich glaube nicht, dass dies sein Ziel ist. Ich denke, Jesus will uns *Zusammenhänge* klar machen: Es besteht ein Zusammenhang zwischen der Art und Weise, wie wir mit anderen Menschen, ihren Schwächen, Fehlern und Verfehlungen umgehen, und wie Gott mit uns bzw. wie wir mit Gott umgehen. In unserem Verhalten Sündern gegenüber zeigt sich, ob wir die Vergebung Gottes für unsere eigenen Verfehlungen wirklich wahrgenommen und verinnerlicht haben.

Unser zwischenmenschliches Verhalten sagt nicht nur etwas darüber aus, was wir von Gott empfangen und von Herzen annehmen. Es zeigt auch, inwieweit dieses Geschenk Gottes unser Denken und Handeln prägt und beeinflusst. Dass Gott sich daran orientiert, bedeutet jedoch: Er wirft nicht über alles, was wir tun, den Mantel seiner unendlichen Güte und Barmherzigkeit – schon gar nicht über unsere Unbarmherzigkeit und unsere Unversöhnlichkeit.

Wir müssen deshalb wissen, was wir tun, wenn wir andere Menschen nicht nur *be*urteilen, sondern auch *ver*urteilen, mit anderen Worten: wenn wir ihnen keine Chance mehr geben. Wir müssen wissen, dass Gott sich an unseren hohen Erwartungen und Forderungen gegenüber anderen Menschen orientieren wird: nämlich dann, wenn es um die Beurteilung unserer Person geht. Dass wir oft mit zweierlei Maß messen – mit uns selbst sind wir nachsichtig, mit anderen dagegen sehr streng –, ist zwar menschlich, aber diese Doppelmoral akzeptiert Gott offenbar nicht. In der Klarheit, mit der Jesus diesen Zusammenhang deutlich macht, liegt die Aufforderung, uns selbst zu beobachten und selbst zu erziehen. Das empfinde ich nicht als Druck, sondern als Herausforderung.

Es besteht außerdem ein enger, ja ein geradezu logischer Zusammenhang zwischen der Blindheit für die eigenen Fehler und der ungeheuren Scharfsicht für die Macken oder die Schuld der anderen. Das kann gar nicht anders sein, wenn wir bei dem Bild vom Splitter und Balken bleiben, das Jesus benutzt: Wenn wir unsere gesamte Aufmerksamkeit auf das konzentrieren, was beim anderen nicht stimmt, dann können wir nicht gleichzeitig darauf achten, was bei uns selbst unter Umständen fragwürdig oder gestört ist. Wer sich also mit Leidenschaft damit beschäftigt, was der andere falsch gemacht oder ihm angetan hat, der *kann* gar nicht gleichzeitig darüber nachdenken, was vielleicht im eigenen Verhalten problematisch oder verletzend war. Die Fixierung auf die Schuld des anderen ist sehr beliebt und verbreitet, denn sie bringt gleich drei Vorteile mit sich:

- ▷ Ich kann in der Rolle des Anklägers bleiben, den anderen damit unter Umständen unter Druck setzen (»Was hast du mir nur angetan!«).
- ▷ Ich kann mich bemitleiden und Mitleid bei anderen erheischen (»Stellt euch vor, was diese heimtückische Person gemacht hat ...!«).
- ▷ Ich muss mich nicht mit meiner eigenen (Mit-)Schuld auseinander setzen.

Ein bekannter Therapeut hat diesen Vorteil des Anklagens in den schönen Satz gefasst: *»Was hab ich dir nur angetan, dass ich so böse auf dich bin?!«*[32] Er wollte damit sagen: Je mehr wir uns auf unsere Wut auf den anderen konzentrieren, desto mehr können wir uns von unseren eigenen Schuldgefühlen erfolgreich ablenken. Das Problematische daran ist: Auf diese Weise lähmen wir uns selbst, ein Verarbeitungsprozess kann nicht in Gang kommen. Meist ist auch die Gegenseite – zu Recht – nicht bereit, die ganze Schuld an der Beziehungsstörung auf sich zu nehmen. Oft dreht sie stattdessen den Spieß herum und klagt ihrerseits lautstark an, wodurch die Fronten erst recht völlig verhärten. Der Unfrieden wird zementiert, und keiner muss sich dafür verantwortlich fühlen, da ja die Gegenseite so »uneinsichtig« und »vernagelt« ist.

Doch in dem Bild, das Jesus benutzt, ist noch eine tiefere Wahrheit enthalten: Ein Auge kann sich nicht selbst sehen. Das ist nur mit einem Spiegel möglich. Wer oder was ist dieser Spiegel? Jesus erwähnt ihn: Es sind unsere Mitmenschen. Sie können uns durch ihre Worte oder ihr Verhalten direkt oder indirekt auf manches hinweisen, das wir an uns selbst nicht wahrnehmen. Mag sein, dass sie dies manchmal – wie in Jesu Beispiel – nur tun, um von eigenen Defiziten abzulenken; mag sein, dass sie es manchmal in einer für uns

[32] Bert Hellinger, Ordnungen der Liebe, Heidelberg 1995, S. 188.

verletzenden Weise tun. Trotzdem enthalten ihre Rückmeldungen oft eine gehörige Portion Wahrheit.

Jesus kommt es jedoch auf etwas anderes an. Er sagt: *»Warum siehst du den Splitter im Auge deines Bruders und merkst nicht, dass du einen Balken im eigenen Auge hast?«* Denn wenn ich einen »Balken« im Auge habe, dann muss ich das nicht sehen – ich spüre es nämlich. Ich spüre es aber nur dann, wenn ich mich nicht krampfhaft dadurch ablenke, dass ich mich mit anderen Menschen beschäftige anstatt mit mir selbst. Die tiefe Wahrheit, die darin enthalten ist, lautet: »Beobachte und beurteile nicht so sehr die anderen Menschen, nur damit du dich nicht mit dir selbst befassen musst! Du hast genug damit zu tun, dich selbst zu erkennen und an dir und deinen Fehlern zu arbeiten. Dann wirst du auch bald feststellen, dass du nicht besser und nicht schuldloser bist als die anderen!« Dass eine ehrliche Selbstprüfung und Selbsterkenntnis uns deshalb eher verständnisvoll und vergebungsbereit macht, liegt auf der Hand.

Und genau darum geht es Jesus. Beobachte andere – aber nicht, um vor dir selbst davonzulaufen. Denke über die Stärken und Schwächen anderer nach – aber nicht, um über deine eigenen Stärken und Schwächen *nicht* nachdenken zu müssen. Nenne die Fehler anderer beim Namen – aber nur, wenn du auch deine eigenen Fehler benennst und einsiehst! Jesus möchte uns durch diese Verknüpfung das Verzeihen erleichtern, er möchte uns einen »guten Grund« liefern, in dem unsere Vergebungshaltung verwurzelt sein kann. Dieser gute Grund ist, dass wir die Kraft zur Vergebung nicht aus uns selbst schöpfen müssen. Es genügt, wenn wir uns sozusagen dem Strom der Vergebungskraft Gottes öffnen und diesen gewaltigen Energiestrom in uns hinein und durch uns hindurch fließen lassen – hin zum Mitmenschen, der unserer Vergebung bedarf.

Vergebung als Haltung

»Nicht bis siebenmal, sondern bis siebenundsiebzigmal ...« (Matthäus 18,21–35)

Auf die Frage des Petrus, wie oft man seinem Verletzer vergeben müsse – ob siebenmal reiche –[33], antwortete Jesus: *»Nicht bis siebenmal, sondern bis siebenundsiebzigmal!«*[34] Er will damit sagen: Vergebung ist kein Geschenk, das ich rationieren kann, und kein Vorrat, der sich irgendwann erschöpft, sondern Vergebung ist eine innere *Grundhaltung*, die ich von Gott lerne und selbst erfahre und meinem Mitmenschen gegenüber einnehme. Was Jesus mit dieser Haltung meinte, verdeutlichte er mit der Geschichte von einem königlichen Verwalter, der seinem Herrn eine unvorstellbar hohe, niemals zu Lebzeiten zurückzahlbare Summe schuldet. Der Herr erlässt ihm diese riesige Schuld – aus freien Stücken, ohne Bedingungen und ohne Gegenleistung. Nun aber geht der Verwalter hin und versucht seinerseits, von einem seiner Untergebenen eine kleine, im Vergleich geradezu lächerlich kleine Schuld einzutreiben. Doch der Schuldner kann sie nicht bezahlen – auch er ist entweder auf Fristverlängerung oder auf einen Schulderlass angewiesen. Beides verweigert ihm der Verwalter und lässt ihn zur Strafe für sein Vergehen ins Gefängnis werfen.[35] Als der König das erfährt, wird er zornig, lässt seinen Verwalter zu sich kommen und nimmt seinen Schulderlass zurück mit der Begründung: »Wenn ich dir eine so immense Schuld erlassen habe, hättest du diese Barmherzigkeit weitergeben müssen!« Jesus schloss diese Erzählung ab mit den Worten: *»So wird euch mein himmlischer Vater auch tun, wenn ihr nicht von Herzen vergebt, und zwar ein jeder seinem Bruder«* (Matthäus 18,35).

In diesem Gleichnis wird deutlich: Es ist keine Zumutung, wenn Gott von uns verlangt, dass wir einander vergeben, und zwar nicht

[33] Die Regel im Judentum lautete, dass man maximal dreimal vergeben müsse.
[34] In anderen Übersetzungen heißt es sogar »siebenmal siebzigmal«.
[35] Auch bei uns gab es früher den Schuldturm – ein Gefängnis, in das säumige Schuldner geworfen wurden.

aus Pflichtgefühl, sondern von Herzen. Es ist deshalb keine Zumutung, weil wir ja lediglich das weitergeben, was wir selbst empfangen haben: Auch uns wird die Schuld erlassen. Jesus möchte mit dieser Geschichte deutlich machen, dass niemand, der selbst von Schuldvergebung lebt, das Recht hat, diese Vergebung einem anderen zu verweigern. Und gegenüber Gott sind wir alle in der Situation eines Schuldigen, der auf Gnade und Barmherzigkeit angewiesen ist. Diese Gnade wird – wie auch im Gleichnis – vollkommen bedingungslos gewährt, nachdem der Schuldner lediglich um Geduld gebeten hatte. Die einzige Bedingung, die sozusagen indirekt daran geknüpft ist, wird im Schluss der Geschichte deutlich: Der königliche Schulderlass verpflichtet seinen Verwalter zu gleicher Großzügigkeit seinen Mitmenschen gegenüber.

Das bedeutet: Wenn Gott dem Menschen seine Schuld vergibt, dann verfolgt er damit offenbar auch eine pädagogische Absicht. Seine Haltung soll auf den Menschen *abfärben*. Seine Güte und Gnade sollen ein Impuls sein, der beim Menschen sozusagen einen Stein ins Rollen bringt. Gott möchte, dass sein Geist der Vergebungsbereitschaft unser Denken und Handeln durchdringt.

Gelebte Vergebung

Von Jesus können wir nach allem, was wir wissen, sagen: Leben und Lehre waren bei ihm eine vollkommene Einheit. Was er sagte, lebte er auch. Das gilt auch für das ihm so wichtige Thema Vergebung.

Jesus ging mit Sündern barmherzig um. Er warf ihnen ihre Fehler, ihr Versagen, ihre Schuld nicht vor. Stattdessen zeigte er ihnen, dass er sie trotzdem liebte und ihnen eine positive Entwicklung zutraute. Mit anderen Worten: Er nagelte niemanden auf seine Fehlerhaftigkeit und sein Versagen fest. Er war nicht vergangenheits-, sondern zukunftsorientiert.

Dazu zwei Beispiele:

- ▷ Pharisäer und Schriftgelehrte führten Jesus eine auf frischer Tat ertappte Ehebrecherin (Johannes 8,3–11) vor und fragten ihn, was man seiner Meinung nach mit ihr machen solle. Auf Ehebruch stand die Todesstrafe durch Steinigung. Wie man Jesus kannte, war er kein Freund der Todesstrafe. Alles wartete gespannt, was er sagen würde. Er bückte sich und schrieb in den Sand. Er machte sich klein – so klein, wie sich die Frau neben ihm vermutlich auch fühlte. Schließlich richtete er sich auf und sagte: *»Wer von euch ohne Sünde ist, der werfe den ersten Stein.«* Niemand tat es – alle gingen weg. Jesus sah die Frau an, mit der er nun allein war, und sagte: *»Frau, hat dich niemand verurteilt? So verurteile ich dich auch nicht. Geh hin und sündige hinfort nicht mehr!«* Jesus hat nicht versucht, die Frau als unschuldig darzustellen, wie wir es heute vielleicht versuchen würden (»Der Mann hat sie sicher gezwungen ...!«; »Das ist doch heute nichts Besonderes mehr!«). Er hat nicht versucht, ihre Tat zu verharmlosen, ihre Verantwortung herunterzuspielen. Aber er verurteilte sie nicht. Und: Er forderte von den Menschen, die diese Frau anklagten, eine Haltung der Vergebung mit der Begründung: »Gibt es jemanden unter euch, der keine Vergebung nötig hat? Dann bitte vortreten!« Jesus traute der Ehebrecherin andererseits zu, auch anders handeln zu können. Er schenkte ihr Zukunft, indem er sie nicht festlegte.
- ▷ Eine weitere Begebenheit: Jesus ging durch Jericho und sah einen Zöllner, der ihn hoch oben von einem Baum aus beobachtete (Lukas 19,1–10). Er sprach den Zöllner Zachäus mit Namen an und lud sich bei ihm ein – mitsamt seinen Jüngern. Jesus wusste natürlich, dass ein Frommer das Haus eines Sünders – als solche galten die Zöllner – auf keinen Fall betreten durfte. Offenbar stellte man sich Sündhaftigkeit wie eine ansteckende Krankheit vor. Für Jesus war der Mensch jedoch wichtiger als sein Beruf und seine damit verbundene moralische »Verdorbenheit«. Jesu Grundhaltung der Annahme und Vergebung ging jedoch noch weiter: Zu Gast bei Zachäus, verlor er kein Wort über Beruf und Lebenswandel seines

hoch erfreuten Gastgebers. Es erfolgte keine Standpauke, keine Anklage, keine Aufforderung, sein Leben radikal zu ändern. Und das Erstaunliche geschah: Zachäus kam von selbst auf die Idee, sich zu ändern. Jesu Verhalten, seine verzeihende Liebe waren offenbar ein Impuls, der geradezu eine Lawine an Veränderung auslöste. Und Jesus? Der beglückwünschte ihn zu seinen Zukunftsvisionen: »Heute ist diesem Haus Heil widerfahren!«

Jesus trug auch den Menschen ihre Schuld nicht nach, die ihn persönlich verletzten. Er sagte zwar nicht »Ich verzeihe dir!«, doch er zeigte ihnen durch sein Verhalten und seine Worte, dass er vergeben hatte. Man kann sagen: Er *lebte* Vergebung.

Dazu zwei Beispiele:

▷ Als Jesus ankündigte, dass er in eine schwere Krise kommen und alle seine Jünger ihn verlassen würden, widersprach ihm Petrus aufs heftigste. Niemals würde er das tun! Jesus prophezeite ihm: *»In dieser Nacht, ehe der Hahn kräht, wirst du mich dreimal verleugnen«* (Matthäus 26,31–35+69–75). Genau so geschah es, und auch wenn Jesus dieses Verhalten vorausgesehen hatte, musste es ihm bitter wehtun. Nach seiner Auferstehung begegnete Jesus den Jüngern am See Genezareth, in ihrer Heimat. Er fragte Petrus dreimal – eine Anspielung auf die dreimalige Verleugnung –, ob Petrus ihn liebe. Dreimal bejahte Petrus, wenn auch zunehmend betroffen, dreimal sagte Jesus: *»Weide meine Lämmer!«* bzw. *»Weide meine Schafe!«* (Johannes 21,15–17) und gab damit Petrus einen klaren Auftrag für die Zukunft. Jesus sprach die Beziehungsstörung nicht direkt, sondern indirekt an durch seine dreimalige Frage. Er stellte Petrus nicht bloß, klagte ihn nicht an, aber er ging über seine Schuld auch nicht einfach hinweg. Mit der erneuten Beauftragung machte Jesus deutlich, dass er Petrus liebte, ihm vergeben hatte und den Blick auf die Zukunft richtete: Er vertraute ihm, indem er ihm seine »Schafe« bzw. »Lämmer« (ein Bild für die Menschen, die an Jesus glauben) anvertraute.

▷ Ans Kreuz genagelt, sah Jesus, dass die Soldaten nicht seinen Tod abwarteten, sondern sofort begannen, um seine Kleidung zu würfeln. Da rief er: *»Vater, vergib ihnen, denn sie wissen nicht, was sie tun!«* (Lukas 23,34). Wenn Jesus seinen himmlischen Vater um Vergebung für die Soldaten bittet, dann hat er ihnen sicherlich ebenfalls vergeben. Sonst macht diese Bitte wenig Sinn. Die Begründung »... denn sie wissen nicht, was sie tun« zeigt deutlich, dass Jesus ihnen bei ihrem grausamen Handeln keine böse persönliche Absicht unterstellte. Es war wohl eher achselzuckende Pflichterfüllung samt Vorteilnahme.

▷ Die Haltung der Vergebung kann, aber muss nicht mit Worten der Vergebung verbunden sein. Der Satz »Ich verzeihe dir!« ist nicht zwingend notwendig, um einem Verletzer deutlich zu machen, dass man ihm nichts mehr nachträgt.

▷ Jesus hat die Haltung der Vergebung nicht nur gegenüber ihm Nahestehenden – Jünger, Familienmitglieder – praktiziert. Die Soldaten, die ihn kreuzigten, waren Fremde; Angehörige der in Israel verhassten römischen Besatzungsmacht.

▷ Jesus hat diese Haltung durchgehalten bis in den Tod, auch unter schwerstem seelischen Druck, auch unter extremsten körperlichen Qualen. Das ist nur möglich, wenn sie ein Teil der Persönlichkeit ist und nichts Äußerliches, Einstudiertes.

Und wenn man nicht vergeben kann?

Jesus sagte: *»Wenn ihr nicht vergebt, wird euch nicht vergeben«*. Bedeutet dies, alles vergeben zu *müssen*? Jesus sagt an keiner Stelle, dass wir eine *Pflicht* zur Vergebung haben. Dazu hat er zu viel Achtung vor unserer menschlichen Freiheit. Er wollte uns Menschen mit seinen Worten nicht bevormunden und schon gar nicht schikanieren, sondern uns, wie schon gesagt, auf innerseelische *Zusammenhänge* hinweisen. Er wollte unser Bewusstsein dafür schärfen, dass all unsere zwischenmenschlichen Probleme im Kopf anfangen: in unseren Gedanken und Gefühlen, denn sie bestimmen unsere Haltung und unser Verhalten.

Er wollte unser Bewusstsein schärfen für den Spielraum, den wir als Menschen in unserem Denken und Handeln haben, aber auch für die Verantwortung, die zu diesem Spielraum gehört. So wie man Liebe nicht befehlen kann, wenn man darunter ausschließlich ein Gefühl versteht, genauso lässt sich auch die Bereitschaft zur Vergebung nicht verordnen oder erzwingen, wenn damit nur der Wechsel von negativen zu positiven Gefühlen, von Hass zu Liebe, von Ärger zu Güte gemeint ist. Doch wenn man Liebe als eine Haltung definiert, für die man sich entscheiden kann, dann werden wir unabhängig von den Gefühlen, die kommen und gehen. Diese Haltung ist wie ein Kompass, der uns immer wieder die Zielrichtung anzeigt, wenn wir im Strudel der Gefühle zu versinken drohen.

Doch was ist, wenn wir gar nicht vergeben wollen? Dann müssen wir auch die Konsequenzen auf uns nehmen – für unseren Körper, unsere Seele, unsere Beziehungen und unsere Verbindung zu Gott – kurz, für unsere gesamte Lebensqualität.

Kann es aber nicht sein, dass wir zwar vergeben *möchten*, aber es nicht *können*? Dass wir trotz intensiver Anstrengung spüren: »Nein, mein Groll weicht nicht. Mein Schmerz wird nicht geringer. Mein Hass ist so stark wie eh und je. Ich schaffe es einfach nicht, davon loszukommen.« Zunächst: Ob jemand nicht kann oder nicht will, ist eine Frage, die nur *die betroffene Person selbst* beantworten könnte. Doch ich halte die Antwort oft für sehr schwierig, denn der Übergang ist fließend. Um das zu klären, sollten Betroffene sich selbst einige Fragen beantworten:

- ▷ Denke ich, Vergebung müsste möglich sein, ohne dass ich mich dazu entscheide?
- ▷ Erwarte ich, dass mir solch eine Entscheidung leicht fallen müsste?
- ▷ Bedeutet Vergebung für mich, dass alle hasserfüllten und bitteren Gefühle gegenüber dem Verletzer verschwinden?
- ▷ Bin ich möglicherweise durch eine Art »Hassliebe« mit dem verbunden, der mich kränkte?

- ▷ Fällt es mir schwer, mein Selbstmitleid aufzugeben?
- ▷ Fällt es mir schwer, auch meine eigenen Schuldanteile, meine eigene Unvollkommenheit und Vergebungsbedürftigkeit anzuerkennen und daraus die Kraft zur Vergebung zu schöpfen?
- ▷ Habe ich vielleicht die Zusammenhänge zwischen meinem Gekränktsein und meinem körperlichen Befinden (noch) nicht erkannt oder beachtet?

Meiner Meinung nach hat niemand das Recht, zu sagen: »Ich will nicht verzeihen.« Genauer gesagt: Niemand sollte es sich selbst zumuten, auf Vergebung zu verzichten. Wenn mir jedoch jemand versichert, dass er trotz allen guten Willens und allen Bemühens nicht – oder noch nicht – vergeben kann, dann habe ich nicht das Recht, dies in Frage zu stellen oder Druck auf diesen Menschen auszuüben (»Du musst aber!«). Ich kann ihm allerdings anbieten, mit ihm nach den Gründen für diesen Stillstand zu suchen. Ich kann ihm anbieten, ihm zu helfen, die Verletzung zu bearbeiten – so weit ich es vermag. Ich kann ihm anbieten, mit ihm oder für ihn zu beten. Manchmal ist es auch angebracht, die Angelegenheit vorerst ruhen zu lassen. Nach einer gewissen Zeit kann das Thema dann wieder hervorgeholt und angeschaut werden – möglicherweise hat sich in der Zwischenzeit ja etwas in Geist und Seele des Verletzten geändert. Alles andere dürfen und können wir Gott überlassen – und dafür beten.

Und wenn man sich selbst nicht vergeben kann?

Auf den ersten Blick hat dieses Problem nicht viel mit unserem Thema zu tun. Es geht in diesem Buch in erster Linie darum, dass andere *uns* verletzt haben – nicht darum, dass *wir* Unrecht getan haben und uns dafür selbst anklagen. Dennoch möchte ich kurz darauf eingehen.

Verzeihen können wir uns selbst auf jeden Fall leichter, wenn uns auch von dem Menschen, den wir verletzt haben, vergeben wurde. Denn eine Tat vergeben kann immer nur das Opfer. Doch das ist nicht immer möglich. Es muss schrecklich sein, wenn man gerne jemanden um Verzeihung bitten würde, doch es ist zu spät. Es muss ebenso schrecklich sein, wenn man jemanden um Vergebung bittet, und der andere verweigert sie mit den Worten »Das verzeih' ich dir nie!« Und es ist schrecklich, wenn man zwar weiß: »Der andere hat mir vergeben« – und trotzdem von den eigenen Schuldgefühlen nicht loskommt.

Die einzig hilfreiche Zuflucht, die einem Menschen nach meiner Erfahrung dann noch bleibt, ist, Gott um Vergebung zu bitten und bei ihm diese Vergebung auch zu finden. Dazu bedarf es jedoch in der Regel einer gewachsenen Beziehung zu Gott. Im Schnellverfahren ist eine so intime, persönliche und tief greifende menschliche Erfahrung wie die, dass uns unsere Schuld abgenommen wird, nicht zu haben. Darüber hinaus brauchen viele Menschen einen Vermittler oder eine Vermittlerin, die ihnen helfen, diese Erfahrung zu machen. Früher war es der Priester, der nach abgelegter Beichte die Absolution, also die »Loslösung von der Schuld« erteilte. Heute kann diese Person immer noch ein Priester oder Pfarrer sein, aber genauso auch ein anderer Mensch, der die entsprechende geistliche Vollmacht hat. Ich empfehle allen, die mit ihrer Schuld oder ihren Schuldgefühlen im wahrsten Sinn des Wortes nicht fertig werden, eine Person ihres Vertrauens aufzusuchen, die dieses Problem ernst nimmt und die als Christ um die Möglichkeiten der Vergebung weiß.

Das gilt nicht nur für den Fall, dass wir den Menschen, dem wir Unrecht getan haben, nicht mehr um Verzeihung bitten können. Es gilt auch für den anderen Fall: Das Opfer hat uns gesagt, dass es uns vergibt – oder hat es uns deutlich gezeigt. Wir wissen, dass uns auch Gott vergeben hat. Und dennoch haben wir Schwierigkeiten, uns selbst zu vergeben. Wir können uns nicht verzeihen, so schwach gewesen zu sein, so lieblos, so wenig einfühlsam. Wir können uns nicht verzeihen, dass wir versagt und andere enttäuscht haben ... Meine Beobachtung ist: Hinter dieser Unversöhnlichkeit sich selbst gegenüber steht oft eine unerbittliche Leistungsorientierung. Damit meine ich eine Einstellung, der zufolge Versagen und Schwäche das Schlimmste sind, was einem Menschen passieren kann.

Wer so denkt, kommt natürlich schwer oder gar nicht damit zurecht, Fehler gemacht zu haben – zumal wenn es Fehler sind, die er nicht wieder gutmachen kann. Wer so denkt, dem fällt es ungeheuer schwer, sich selbst als unvollkommenen, immer wieder schuldig werdenden Menschen anzunehmen.[36] Genau das ist aber das Schicksal eines jeden von uns! Manchmal sind unsere Fehler harmlos und leicht zu verschmerzen, manchmal haben sie aber gravierende Folgen – für uns, für andere. Wer dann sich selbst nicht annehmen kann, bleibt lebenslänglich in dem Gedanken »Hätte ich doch/hätte ich doch nicht ...« stecken. Unzufriedenheit, Niedergeschlagensein und Verbitterung bis hin zu Depressivität sind die Folgen.

Ich selbst habe schwer darunter gelitten, dass ich meiner Tochter gegenüber in der Erziehung vieles – meiner Meinung nach – versäumt und falsch gemacht habe. Das hatte Folgen – Folgen, die ich nicht mehr rückgängig machen kann. Ich habe mit meiner Tochter offen darüber geredet, auch über meine Schuldgefühle. Sie hat mich entlastet mit den Worten: »Mutter, du hast es so gut gemacht, wie du es damals konntest.« Mit anderen Worten: Sie hat mir meine Unvollkommenheit, meine damalige Unreife verziehen. Dafür bin ich dankbar. Und dennoch kam und kommt mir der Gedanke immer wieder, verbunden mit bitteren Schuldgefühlen: »Das hätte dir nicht passieren dürfen! Das ist durch nichts zu entschuldigen!«

In diesen verzweifelten Momenten hilft es mir, diese Gedanken Gott mitzuteilen, sie ihm hinzulegen. Ganz nackt, so habe ich das Gefühl, stehe ich vor ihm – und er hüllt mich in den weiten Mantel seiner Vergebung und Barmherzigkeit. Er schenkt mir die Hoffnung, die Dietrich Bonhoeffer einmal mit den Worten ausdrückte: *»Ich glaube, dass Gott aus allem, auch aus dem Bösesten, Gutes entstehen lassen kann und will ...«*[37]

[36] Solchen Menschen fällt es auch sehr schwer, die grenzenlose Vergebungsbereitschaft Gottes zu akzeptieren. Und selbst wenn sie es vom Kopf her tun, verinnerlichen sie diese Vergebung nicht und werden in ihrer Haltung sich selbst und den Mitmenschen gegenüber nicht davon berührt. Das ist bei vielen unbewusst leistungsorientierten Christen und Christinnen zu beobachten.

[37] Dietrich Bonhoeffer, Widerstand und Ergebung. Briefe und Aufzeichnungen aus der Haft. Chr. Kaiser Verlag, München 1951, S. 18.

8 Voraussetzungen, um vergeben zu können

Zur Liebe gehört immer, dass sie einen Menschen da aufsucht, wo er ist, und nicht dort, wo man ihn schon haben möchte.

Adolf Köberle

Wer schon einmal mit einer tiefen Wunde zum Arzt kam, der weiß: Es müssen bestimmte Maßnahmen ergriffen werden, bevor diese Wunde genäht, verbunden oder verpflastert werden kann. Wer hier abkürzen will, beispielsweise indem er auf die sorgfältige Reinigung der Wunde verzichtet, der muss dies im weiteren Verlauf bitter büßen und bringt sich sogar in Lebensgefahr, weil das Risiko einer Blutvergiftung besteht. Ähnliches gilt für unsere seelischen Wunden: Bevor der Heilungsprozess in Gang kommen kann, müssen bestimmte Bedingungen erfüllt sein.

Erste Voraussetzung: Der Verletzungsprozess ist abgeschlossen

Solange ein Mensch uns weh tut, sind wir voll und ganz damit beschäftigt, uns zu schützen, zu verteidigen, Schlimmeres zu verhindern. Diese Aufgabe nimmt unsere ganze Aufmerksamkeit und alle unsere Kräfte in Anspruch. Gleichzeitig fühlen wir uns dem Verletzer in irgendeiner Form ausgeliefert – sonst könnte er uns ja nicht wehtun. In diesem Stadium ist an Vergebung nicht zu denken. Zum einen haben wir nicht die innere Ruhe, um über das Geschehene nachzudenken, weil wir alle Gedanken darauf verwenden, wie wir mit dem Geschehenen fertig werden können und wie sich weiteres Unheil verhindern lässt. Zum anderen: So lange Wunden noch bluten oder wahnsinnig schmerzen, sind wir mit diesen Wunden beschäftigt und haben für alles darüber Hinausgehende keinen Kopf. Vergebung setzt aber intensives Nachdenken voraus.

Ein Beispiel: Ein Mann verprügelt seine Ehefrau immer wieder. Sie lebt in ständiger Anspannung und Angst. Wenn sie jetzt zum Pfarrer ginge und ihm ihr Leid klagte, so wäre es in keiner Weise hilfreich, wenn der Pfarrer ihr empfehlen würde: »Sie müssen Ihrem Mann halt immer wieder verzeihen!« Damit würde er die Leidenssituation der Frau regelrecht zementieren. Der Gedanke an Vergebung kann erst dann ernsthaft ins Spiel gebracht werden, wenn das Verhalten, das uns verletzte, nicht mehr stattfindet.

Zweite Voraussetzung: Es besteht die Möglichkeit zu Selbstschutz und Distanz

Nicht immer können wir denen, die uns wehtun, klar machen, dass ihr Verhalten verletzend ist. Nicht immer können wir die Verletzer dazu bringen, sich zu ändern oder mit ihrem für uns kränkenden Handeln aufzuhören. Nicht immer? Ich würde sagen: sehr oft nicht!

Der prügelnde Ehemann sieht nicht ein, warum er mit Prügeln aufhören soll – die Frau hat sich bisher doch auch nicht übermäßig gewehrt. Die immer wieder untreue Ehefrau hat keine Veranlassung, ihre Abenteuer aufzugeben – schließlich hat ihr Ehemann es bis jetzt doch auch hingenommen. Der dauernd Überstunden verlangende Chef ist nicht dazu zu bewegen, seine Forderungen zurückzuschrauben – schließlich hat sein Mitarbeiter bisher trotz Murren immer getan, was man von ihm verlangte.

Die Beispiele ließen sich beliebig vermehren, und sie zeigen alle: Menschen kommen oft erst dann zum Nachdenken, wenn ihr Gegenüber es nicht mehr bei Bitten und Appellen belässt, sondern handelt. Wenn die Ehefrau des Alkoholikers endlich auszieht. Wenn die Mutter die Wäsche des erwachsenen Sohnes nicht mehr bügelt. Wenn der Mitarbeiter den rüden Umgangston des Chefs nicht mehr hinnimmt, sondern sich so deutlich wehrt, dass dem Chef klar wird: »So kann's nicht mehr weitergehen.«

Ein wirksamer und nachhaltiger Selbstschutz gegen Verletzungen liegt auch darin, Abstand zwischen sich und den Verletzer zu bringen. Dazu reicht manchmal, einfach eine Tür hinter sich zu schließen. Oder freundlich, aber bestimmt das Gespräch zu beenden. Oder – zumindest vorübergehend – auszuziehen. Oder sich zu trennen. Oder ... – es gibt viele Möglichkeiten, sich vor Verletzungen zu schützen. Diese Möglichkeiten gilt es zu finden und zu nutzen, denn nur so kann – wenn bei der Gegenseite die Einsicht fehlt – der Verletzungsprozess beendet werden. Vorher ist, das sei nochmals betont, an Vergebung nicht zu denken.

Zum Selbstschutz gehört deshalb immer auch die Möglichkeit des räumlichen Abstands. Für wen ich nicht erreichbar und nicht greifbar bin, der kann mich auch nicht zur Schnecke machen oder sonst schlecht behandeln. Wem ich kein Ohr mehr leihen muss, der kann mich auch nicht mehr beschimpfen und demütigen. Wenn ich aus der Schusslinie gehe, können die Pfeile oder Kugeln des anderen mich nicht mehr treffen.

Ein Beispiel für heilsamen Abstand: Ein erwachsener Sohn muss sich bei jedem Besuch bei den Eltern anhören, dass er doch endlich eine Familie gründen solle. Diese Appelle verletzen den Sohn, er fühlt sich so, wie er lebt, nicht anerkannt. Er bittet seine Eltern wiederholt, doch nicht dauernd sein Ledigsein zum Thema zu machen – erfolglos. Schließlich teilt er ihnen mit, dass er diese Kritik satt hat und sie nur noch äußerst selten besuchen wird. Er schafft äußere Distanz und beendet damit die Verletzungen. In der Distanz gelingt es ihm, sich auch innerlich stärker von den Eltern abzunabeln und mehr kritischen Abstand zu ihren Lebenseinstellungen und Wertvorstellungen zu gewinnen. Er gewinnt an Selbständigkeit, Reife und Selbstbewusstsein. Nach einiger Zeit besucht er seine Eltern wieder häufiger, obwohl sie nach wie vor – wenn auch nicht mehr so regelmäßig – sein Alleinleben ansprechen. Doch inzwischen verletzt es ihn nicht mehr, weil er genügend innere Distanz hat, um sich davon nicht mehr getroffen zu fühlen.

An diesem Beispiel wird deutlich, dass es jedem Menschen selbst überlassen bleibt, auf welche Weise er Abstand bekommt und sich vor Verletzungen schützt. Entscheidend ist in jedem Fall, *dass* er es tut, denn anders kann das Ziel der Vergebung nicht ins Auge gefasst, ja es kann noch nicht einmal an Vergebung gedacht werden. Vergebung setzt Stärke voraus, und Stärke zeigt sich darin, dass man sich wehren und notfalls auch weggehen kann.

Dritte Voraussetzung: Das Selbstwertgefühl ist nicht zu sehr zerstört bzw. es ist wieder gestärkt

Jede Verletzung ist ein Angriff auf unser Selbstwertgefühl. Eine bekannte amerikanische Therapeutin[38] hat für diesen Sachverhalt ein sehr anschauliches Bild benutzt. *»Stell dir vor«,* sagte sie, *»du bist ein Topf, und in diesem Topf ist deine persönliche Menge an Selbstbewusstsein. Jemand kommt und nimmt einen Löffel davon heraus. Was passiert? – Ganz einfach: Je weniger du von vornherein hattest, desto größer ist die Katastrophe, wenn dir ein anderer Mensch auch noch etwas wegnimmt.«* Jemand nimmt uns etwas von unserem Selbstwertgefühl, unserer Selbstachtung weg – das ist der Kern der Verletzung. Wenn jemand uns tief verletzt, nimmt er viel weg. Dementsprechend schwer ist unsere Selbstachtung beschädigt. Wenn jemand uns immer wieder verletzt, dann ist irgendwann von unserem Selbstbewusstsein nur noch ein Bodensatz übrig. Denn auch steter Tropfen höhlt den Stein. Wenn jemand uns zwar nicht besonders tief verletzt, wir aber schon im Voraus über wenig Selbstbewusstsein verfügen, dann ist diese geringe Verletzung für uns trotzdem sehr schwerwiegend.

Der Idealfall – wir haben so viel im Topf, dass es uns nicht besonders erschüttert, wenn jemand einen Löffel davon herausnimmt – kommt leider eher selten vor. Wer verletzt wurde, drückt dies oft mit folgenden Worten aus: »Ich fühlte mich ganz klein. Ich wurde behandelt wie ein Nichts, ein Niemand. Es war so demütigend für mich.« Dieses Gefühl der Erniedrigung wird häufig ergänzt durch ein ganz intensives Erleben von Ohnmacht und Hilflosigkeit. In dieser Lage kann

[38] Virginia Satir in ihrem Buch »Selbstwert und Kommunikation«, München 1989, S. 37 ff.

man nicht vergeben – noch nicht. Vergeben ist nur möglich, wenn das Selbstwertgefühl entweder nicht zu sehr angegriffen wurde – doch dann handelt es sich auch selten um tiefe und schwerwiegende Verletzungen – oder wenn das Selbstwertgefühl sich wieder erholen und stabilisieren konnte. Wenn man weiß: »Ich bin mehr als das Häufchen Elend, das der andere aus mir gemacht hat. Ich bin auch mehr als das hilflose Opfer, als das ich mich damals erlebt habe. Ich bin nicht mehr der Schuhabstreifer, den mein Verletzer nach Belieben mit Füßen treten kann, sondern ich bin ein Mensch, der Achtung verdient, der Achtung einfordert und der gelernt hat, sich selbst zu achten.«

Der französische Dichter Antoine de Saint-Exupéry hat einmal geschrieben: *»Du hast mich besiegt. Ich bin dadurch stärker geworden«* (Der kleine Prinz). Das hört sich zunächst widersinnig an: Ist nicht der Unterlegene immer der Schwächere, der Verlierer? Saint-Exupéry deutet an: Im Moment der Niederlage ist der Unterlegene der Besiegte. Aber entscheidend ist, was er aus dieser Niederlage macht! Er kann daraus etwas lernen, er kann aus dieser Erfahrung Einsichten schöpfen, die ihn stärker machen – stärker, als er vorher war. Unter Umständen sogar stärker als der einstige Sieger. Doch es ist eine *seelische Stärke*, um die es hier geht – eine Stärke, die mit Reife und Einsicht zu tun hat. Eine Stärke, die uns nicht zufällt, sondern die wir uns geduldig und hartnäckig erkämpfen – mit jeder äußeren Niederlage, jedem (scheinbaren) Scheitern ein bisschen mehr ... Wer diesen Reife- und Erkenntnisprozess durchgemacht und sein Selbstbewusstsein einigermaßen wiedergewonnen hat, der kann sich auch auf den Weg der Vergebung einlassen. Doch selten wird dieser Stabilisierungsprozess ohne hilfreiche und begleitende dritte Personen vonstatten gehen.

Vierte Voraussetzung: Es besteht die grundsätzliche Bereitschaft, sich auf den Weg zu machen

Diese Bedingung mag manchem seltsam erscheinen, doch sie erweist sich bei der Frage der Vergebung als Dreh- und Angelpunkt.

Es ist die Frage, ob jemand überhaupt *den Gedanken ins Auge fasst*, dem Verletzer seine Missetat eines Tages nicht mehr nachzutragen – egal ob dieser um Entschuldigung gebeten oder in irgendeiner Form Wiedergutmachung geleistet hat. Viele Menschen weigern sich, diesen Gedanken auch nur in Betracht zu ziehen – sie bleiben lieber gekränkt. Das Gekränktsein ist ihnen quasi zur zweiten Natur, zur Heimat ihrer Seele geworden.

Dazu eine interessante Episode, die von Jesus erzählt wird (Johannes 5,1–15): Jesus kam zu einem Teich in Jerusalem, an dessen Ufer sich viele Kranke lagerten, denn diese Quelle hatte eine wundersame Eigenschaft: Hin und wieder bewegte sich das Wasser und übte auf die ersten, die ins Wasser gelangten, eine heilende Wirkung aus. Jesus traf einen Menschen, der schon seit Jahrzehnten dort lag und aufgrund einer Lähmung zu denen gehörte, die in den entscheidenden Momenten immer das Nachsehen hatten und nicht rechtzeitig das Wasser erreichten. Jesus hatte Mitleid mit diesem Menschen. Er ging auf ihn zu und fragte ihn: »Willst du gesund werden?« Was für eine überflüssige Frage, mag mancher denken. Für Jesus offenbar nicht. Weshalb nicht? Erstens wäre es nach so langem Kranksein ganz normal, wenn der Kranke sich in seiner Krankheit »häuslich eingerichtet« hätte und sich ein anderes, gesundes Leben gar nicht mehr vorstellen könnte. Es geht ja auch so – zwar mehr schlecht als recht, aber es geht. Und man weiß, *wie* es geht. Wie *Gesundsein* geht, weiß man hingegen nicht!

Zweitens stülpt Jesus dem Kranken nichts über – auch nicht den Vorschlag, ihn gesund zu machen. Jesus heilt den Gelähmten nicht, ohne von *ihm* vorher gehört zu haben, was dieser selbst will. Er geht nicht davon aus, dass alle Kranken selbstverständlich gesund werden wollen. Für Jesus gilt: Ein kranker Mensch hat genauso das Recht, in seiner Individualität geachtet zu werden und seinen Willen zu äußern, wie ein gesunder. Außerdem weiß er: Ohne den *Willen* zum Gesundwerden hat die beste Heilung oder Therapie keinen Sinn und Erfolg. – Das Gleiche gilt auch für einen gekränkten Menschen. Er muss wissen, was er will. Er muss wissen, ob er den Rest seines Lebens im Gekränktsein verharren möchte, oder ob er sich auf den Weg zur Vergebung macht. Dieses Aufbrechen ist nicht selbstverständlich. Im Gegenteil, es sprechen eine Menge Gründe dagegen:

- ▷ Es spricht unsere Bequemlichkeit dagegen: Unterwegs sein ist anstrengender, als bequem an einem Ort zu bleiben.
- ▷ Ins Unbekannte aufzubrechen ist anstrengender, als immer im Kreis zu gehen und sich, da es immer der gleiche Weg ist, dabei schon gar nichts mehr denken zu müssen.
- ▷ Sich mit der Kränkung und dem Verletzer, aber auch mit sich selbst noch einmal intensiv auseinander setzen zu müssen, ist anstrengender, als die Sache mit der Bemerkung »Das verzeih' ich dem nie« oder: »Schwamm drüber!« abzuhaken.[39]
- ▷ Alles zu tun, damit eine Wunde heilen kann, ist unbequemer, als sie einfach sich selbst zu überlassen und zu hoffen, dass es »auch so« wieder wird.
- ▷ Sich selbst auf den Weg zu machen ist anstrengender, als zu warten, dass der Verletzer sich auf den Weg macht. Es ist auch anstrengender, als nichts zu tun und auf ein Wunder zu hoffen – zum Beispiel auf das Wunder, dass man eines Tages aufwacht und merkt, dass man alles »im Schlaf« vergeben hat. Oder das Wunder, dass der Verletzer plötzlich zur Einsicht kommt und sich entschuldigt. Oder dass ihn der Schlag trifft ...
- ▷ Vom hohen Ross der Selbstgerechtigkeit herabzusteigen und in sich zu gehen, ist anstrengender, als alle Schuld beim anderen zu suchen und sich selbst für ganz und gar unschuldig zu halten.

Es spricht aber nicht nur die Bequemlichkeit dagegen, sondern viel mehr vielleicht noch die Angst. Diese Angst ist verständlich. Denn:

- ▷ Es erfordert Mut, das Risiko der Vergebung einzugehen, weil es möglicherweise auch das Risiko einer erneuten Verletzung beinhaltet.
- ▷ Es erfordert Mut, dem anderen zu vergeben und nicht zu wissen, ob er dies nicht falsch auslegt (»Dann war's ja wohl nicht so schlimm ...«).

[39] Wobei sie damit ja gerade *nicht* abgehakt ist!

- ▷ Es erfordert Mut, zu verzeihen und auf Rache zu verzichten und vom anderen deswegen womöglich für schwach gehalten zu werden.
- ▷ Es erfordert Mut, vergebungsbereit auf den Verletzer zuzugehen und nicht zu wissen, ob er unser Versöhnungsangebot annimmt.
- ▷ Es erfordert Mut, sich dem eigenen Verletzungsschmerz ehrlich, aber auch kritisch zu stellen und ihn nicht zu verdrängen oder herunterzuspielen.
- ▷ Es erfordert Mut, sich mit sich selbst offen und ehrlich auseinander zu setzen und nicht zu wissen, auf welche Wunden, auf welche Traumata oder schmerzlichen Erkenntnisse man dabei noch stößt.

Deshalb ist es wichtig, einem verletzten Menschen Zeit zu lassen, ihn aber auch, wie Jesus den Kranken, klar zu fragen: »Willst du, dass deine Wunden heilen? Willst du gesund werden oder gekränkt bleiben? Falls ja: Wann willst du dich auf den Weg machen?« Diese Frage ist wichtig, denn der Weg zum Gipfel der Vergebung ist viel zu anstrengend, als dass wir ihn ohne unsere entschiedene Bereitschaft und Willensanstrengung überhaupt wagen könnten. Doch der Blick von diesem Gipfel ist so wunderbar, dass sich der Weg auf jeden Fall lohnt, wie lange er auch dauern mag.

Fünfte Voraussetzung: Die Vorteile des Vergebens werden erkannt

Jesus sagte, wir sollen einander vergeben, und zwar »von Herzen«. Damit ist Vergebung aus moralischer Pflicht, aus Zwang und als äußerliche Gebotserfüllung ausgeschlossen. Von Herzen tun oder sagen wir nur Dinge, von denen wir zutiefst überzeugt sind. Von Herzen – das setzt voraus, dass wir ein Ja dazu gefunden haben. Und dazu bedarf es triftiger Gründe.

Ich möchte noch einmal die wichtigsten Argumente nennen, warum wir als Verletzte anstreben sollten, unserem Verletzer zu verzeihen.

1. Ich tue es für mich, ich vergebe um meiner selbst willen – aus gesunder Eigenliebe sozusagen.

Ich weiß, dass ich meine Seele, meinen Geist und meinen Körper belaste, wenn ich in Groll, Zorn und Bitterkeit lebe. Meine Gesundheit ist möglicherweise in Mitleidenschaft gezogen, denn wer gekränkt ist, kann auch krank werden.

Ich vergebe um meiner Lebensqualität willen: Solange ich nicht verziehen habe, lebe ich im Bann und unter der Macht der Vergangenheit. Ich kann dadurch nur eingeschränkt die Gegenwart genießen und noch weniger positiv in die Zukunft blicken. Meine Verletzung überschattet mein Leben.

Ich vergebe, weil ich Freiheit und inneren Frieden anstrebe. Ich will nicht in innerer Abhängigkeit vom Verletzer leben, von dem ich seelisch und geistig nicht loskomme, solange ich ihm nicht vergeben habe. Ich will diesem Menschen nicht mehr so viel Macht über mich geben, sondern unabhängig von ihm werden.

2. Ich vergebe aus Liebe zu meinem Nächsten – Liebe nicht als Gefühl verstanden, sondern als Haltung.

Ich will nicht in Hass und Unfrieden mit dem Verletzer leben, sondern der Beziehung, so weit es möglich ist, wieder eine Chance geben. Das bedeutet nicht, dass die Beziehung so sein wird wie vorher. Bertolt Brecht schrieb:

»Der abgerissene Strick kann wieder geknotet werden.
Er hält wieder, aber
Er ist zerrissen.
Vielleicht begegnen wir uns wieder, aber da
Wo du mich verlassen hast
Triffst du mich nicht wieder.«[40]

Ich will auch meine anderen Beziehungen zu Menschen, die mir wichtig sind, nicht mit meinem Groll und meiner Wut auf den Verletzer belasten.

[40] Bertolt Brecht, Der abgerissene Strick. Aus: Bertolt Brecht, Gedichte. Suhrkamp Verlag, Frankfurt am Main 1977, S. 81.

3. Ich vergebe um meiner Beziehung zu Gott willen.

In der Vergebung gebe ich die Haltung weiter, mit der Gott mir begegnet. Wenn ich nicht vergebe, blockiert das aller Wahrscheinlichkeit nach nicht nur meine Beziehung zum Verletzer, sondern auch zu Gott. Martin Buber hat einmal gesagt: »Die Tür zu Gott und die Tür zum Nächsten gehen gemeinsam auf und gemeinsam zu.«

Ich vergebe, weil ich ein glaubwürdiger Zeuge der Liebe Gottes sein möchte. Wenn zur Liebe Gottes die Vergebungsbereitschaft gehört, dann muss ich das auch so bezeugen und weitergeben – in Worten *und* Taten.

9 Der Prozess des Vergebens

Es gibt Berge, über die man hinaus muss, sonst geht der Weg nicht weiter.

Ludwig Thoma

Ein Prozess hat mehrere Phasen

Vergebung ist kein Entschluss, der sich übers Knie brechen lässt. Vergebung kann man mit einer Blume vergleichen, die ein langes Wachstum hinter sich hat. Keine Blume wächst unter Druck. Man kann ihr Wachsen und Blühen mit entsprechender Fürsorge und unterstützenden Maßnahmen fördern. Doch man kann es nicht erzwingen.

Vor Jahrzehnten hat die Schweizer Ärztin Elisabeth Kübler-Ross entdeckt[41], dass Menschen, die mit einer niederschmetternden ärztlichen Diagnose konfrontiert wurden, bei aller persönlichen Verschiedenheit sehr ähnlich reagierten. Diese Diagnose war für die Betreffenden eine tiefe Enttäuschung, und bei der Verarbeitung dieser Enttäuschung machten sie ganz bestimmte Phasen durch. Sie wollten zunächst nicht wahrhaben, wie es um sie stand, sie leugneten die Schwere der Erkrankung. Irgendwann ließ sich das Verdrängen nicht mehr durchhalten – dann kam die Wut. Und die Auflehnung. Nach dieser Phase versuchten viele Patienten zu verhandeln – mit Gott, mit dem Schicksal. Sie wollten das Unausweichliche nicht akzeptieren: »Wenn ich ..., dann muss doch ...«

Der nächste Schritt war tiefe Depression: Die Patienten erkannten, dass alles Kämpfen nichts nutzte, dass sich das Steuer nicht mehr herumreißen ließ. Der letzte Schritt auf diesem Weg, so Kübler-Ross, ist im besten Fall: das Unausweichliche annehmen, sich mit dem eigenen Schicksal versöhnen, bereit werden, Abschied zu nehmen.

[41] Nachzulesen in ihrem Buch »Interviews mit Sterbenden«, Gütersloh 1982.

Auch für den Prozess des Vergebens gilt:

- ▷ Die Verarbeitung einer schweren seelischen Erschütterung verläuft schrittweise und nicht »von jetzt auf gleich«. Geist und Seele brauchen Zeit, um sich auf die ungeahnte und ungeplante Herausforderung einzustellen und das Erlittene zu verarbeiten. Mag sein, dass der eine das schneller schafft als der andere – doch im Handumdrehen gelingt es niemandem.
- ▷ Die Phasen, die bei einer solchen Verarbeitung auftreten, bauen aufeinander auf und sind nicht beliebig vertauschbar. Sie können von Mensch zu Mensch natürlich unterschiedlich schnell durchlaufen werden; möglicherweise muss auch nicht jeder alle Schritte mit der gleichen Gründlichkeit und Intensität durchmachen.
- ▷ Das Verarbeiten einer schweren seelischen Erschütterung ist mit intensiver geistig-seelischer Arbeit und Anstrengung verbunden. Für die meisten Betroffenen ist es eine enorme Hilfe, wenn sie bei dieser so ungewohnten und schwierigen Reise in ein unbekanntes Land nicht allein sind, sondern sich einer Person ihres Vertrauens mitteilen können und dabei Offenheit, Verständnis und Unterstützung erfahren. Dies erleichtert die Verarbeitung und Bewältigung des Geschehenen oder noch Geschehenden enorm.

Die Rolle des Gesprächs

Wer von uns hat nicht schon die Erfahrung gemacht, dass es ein großer Gewinn sein kann, wenn man über das, was man an Gedanken, Befürchtungen, Fragen, Zweifeln, Ideen, Hoffnungen oder Verletzungen in sich trägt, mit einem anderen Menschen sprechen kann? Natürlich besteht immer auch die Gefahr, dass man enttäuscht wird: Unserem Gesprächspartner fehlt es möglicherweise an Interesse, an Geduld, an Einfühlung, an Verständnis, an Reife oder Lebenserfahrung, und das Gespräch hat nichts gebracht. Noch schlimmer kommt's, wenn der Gesprächspartner uns wehtut – durch voreilige

Kommentare, oberflächliche und ungerechte Urteile, durch Rechthaberei, Besserwisserei, Missachtung, Vorwürfe oder Kritik. Deshalb ist es wichtig, sich seinen Gesprächspartner sorgfältig auszuwählen, wenn es um sehr persönliche Themen geht.

Selbstverständlich profitiert nicht jeder in gleichem Maß von einem solchen Gespräch. Erstens gibt es von Natur aus eher verschlossene, schweigsame Menschen, die nur schwer aus sich herausgehen und die vieles mit sich selbst ausmachen. Neben den eher Introvertierten gibt es aber auch die Extrovertierten, die sehr auf Mitteilung und Kommunikation ausgerichtet sind und darunter leiden, wenn sie kein geeignetes Gegenüber zum Gespräch finden. Zum Zweiten ist der Gewinn in einem Gespräch umso größer, je mehr beide Gesprächspartner von sich mitteilen, das heißt: rückhaltlos offen und aufrichtig zueinander sind. Alles, was verschwiegen wird – aus Vorsicht, Misstrauen, Angst, Stolz, Scheinheiligkeit, Berechnung usw. –, trägt dazu bei, dass man nicht zum eigentlichen Problem oder Thema vorstößt, sondern irgendwo an der Oberfläche bleibt. Man wird einander dann nicht wirklich näher kommen.

Warum ist, für Männer wie Frauen, besonders bei der Verarbeitung von Verletzungen ein Gesprächspartner äußerst hilfreich?

▷ Was ich einem anderen mitteile, mache ich mir erst richtig bewusst.
▷ Das Aussprechen ist schon für sich genommen eine Entlastung, vergleichbar dem Ventil eines Dampfkochtopfs: Der Druck kann raus.
▷ Beim Versuch, einem anderen meine Situation zu schildern, entdecke ich Zusammenhänge und Gesichtspunkte, auf die ich bis dahin nicht gekommen bin. Der Zuhörer wirkt allein schon durch sein Zuhören denk- und konzentrationsfördernd.
▷ Die Rückfragen, die mein Zuhörer mir stellt (»Wie kommst du darauf? Woher weißt du das? Was genau hat er/sie gesagt? Warum hat dich das so verletzt?«), zwingen mich zu mehr Klarheit in meinem Denken und Fühlen. Ich muss das, was ich bisher nur verschwommen empfunden habe, schärfer fassen.

- ▷ Wenn mein Gesprächspartner eine andere Sichtweise und andere Erklärungen oder Einfälle zu dem von mir Geschilderten hat, dann regt mich das dazu an, aus meinen eingefahrenen Denkgleisen auszubrechen. Ich muss mich auf Neues einlassen.
- ▷ Die Meinung und die Ideen meines Gesprächspartners können mir helfen, meine Verletzung samt Verletzer neu zu sehen, neu zu interpretieren, neu zu bewerten. Eine Entwicklung kann beginnen, die ohne diese andere Perspektive nicht eingesetzt hätte.
- ▷ Der emotionale Rückhalt, den mir mein Gesprächspartner gibt, ermöglicht mir ein Aussprechen und eventuell auch Ausleben meines Schmerzes. Ich fühle mich aufgefangen; das Abladen des Schmerzes entlastet und befreit mich, Neues zu fühlen und zu denken.

Wer ist als Gesprächspartner geeignet? Im Prinzip jeder Mensch, dem wir vertrauen und dem wir zutrauen, dass er uns versteht. Darüber hinaus halte ich folgende Eigenschaften für wichtig und wünschenswert:

- ▷ Unser Gesprächspartner sollte geistig aktiv und selbstständig sein und unsere Sichtweise nicht blindlings und unüberprüft übernehmen. Mit purem Mitleid (»Du hast ja so Recht!«) ist uns längerfristig nicht geholfen, so tröstlich und angenehm es im ersten Moment auch ist.
- ▷ Er/sie sollte den Mut und die Fähigkeit haben, uns in Liebe die Wahrheit zu sagen – also auch dann die eigene Meinung zu äußern, wenn es für uns nicht bequem ist und uns nicht in unserer Auffassung bestätigt. Zum Widerspruch gehören Mut, Vertrauen und Taktgefühl – aber ohne Widerspruch und kritisches Hinterfragen kommen wir aus unseren Denkmustern selten heraus.
- ▷ Er/sie sollte in der Lage sein, sich in unsere Lage hineinzuversetzen und von uns her zu denken. Sonst kann er/sie uns nicht verstehen und uns keine hilfreichen Impulse geben.
- ▷ Er/sie sollte auf keinen Fall wertend und moralisierend auf unser Problem reagieren, uns nicht bevormunden oder unter moralischen Druck setzen. Unser Gesprächspartner soll uns nicht einschüchtern, angreifen oder von oben herab belehren. Wir müssen

stattdessen das Gefühl haben, auf gleicher Ebene mit ihm zu sein und von ihm geachtet und ernst genommen zu werden.

Diese Bedingungen erfüllen Freunde und Freundinnen, Geschwister oder Verwandte, möglicherweise auch der Partner oder ein Elternteil. Wer unter diesen Menschen keine Person seines Vertrauens hat, sollte sich an einen professionellen Berater wenden: Mitarbeiter von psychologischen Beratungsstellen, Psychotherapeuten, natürlich auch Pastoren oder andere christliche Seelsorger. Wichtig ist, dass wir einen »Draht« zu der entsprechenden Person haben und uns in ihrer Gegenwart ermutigt, entspannt und gut aufgehoben fühlen.[42]

Die Rolle des Gebets

Das Gebet spielt vor allem für jene Menschen eine Rolle, die glauben, dass es eine Form des Gesprächs ist und etwas bewirkt. Wer davon ausgeht, dass Gebet im Grunde nur ein Selbstgespräch ist, wird keinen Gewinn darin sehen – es sei denn, er betrachtet es als Form der Meditation. Gebet, so wie es im christlichen Glauben verstanden und praktiziert wird, setzt ein Gegenüber voraus. Dieses Gegenüber nennen die Christen Gott – oder Jesus Christus. Wenn Christen beten, dann glauben sie:

- ▷ dass es ein Gegenüber gibt, das ihr Gebet hört und ernst nimmt,
- ▷ dass es ein Gegenüber gibt, das in irgendeiner Weise reagiert,
- ▷ dass das Gebet etwas in Bewegung setzt – bei uns, aber auch außerhalb unserer Person,
- ▷ dass das Gebet zwar kein Ersatz für das Gespräch ist, aber dass es eine wichtige Ergänzung zum Gespräch bildet,
- ▷ dass Gebet die seelisch-geistige Verarbeitung des Verletzungsgeschehens nicht überflüssig macht, aber diese Verarbeitung hilfreich unterstützen und positiv beeinflussen kann.

[42] Auch ein Tagebuch eignet sich als Möglichkeit, die eigenen Gedanken auszudrücken und sich seine Probleme »von der Seele« zu schreiben, wenn kein Gesprächspartner verfügbar ist.

Entscheiden Sie selbst, welche dieser Annahmen Sie teilen. Wenn es auch nur eine oder zwei sind, dann wäre es schade, wenn Sie auf die Möglichkeiten des Gebets verzichten würden. Was erlebe ich im Gebet? Hier ein paar persönliche und deswegen natürlich ganz subjektive Erfahrungen:

Ich komme zur Ruhe. Mein Geist kommt zur Ruhe. Ich bin ganz »ich selbst« – ohne Fassade, ohne Verkleidung, ohne Anstrengung und Anspannung, ohne mich zu schämen. Ich darf ganz bei mir sein. Ich glaube, dass ich liebevoll angeschaut werde. Ich spüre, dass es ein Du gibt, das mir zuhört – aufmerksam zuhört. Im Schweigen erfahre ich eine tiefe Geborgenheit, ein Angenommensein jenseits aller Leistung. Ich kann abladen, was mich bedrückt. Ich darf die Last abgeben, mein Leben allein leben und allein verantworten zu müssen. Ich kann meine Verletzungen, meine Ängste und Sorgen vor Gott ausbreiten. Es gibt nichts, was Gott nicht verstehen würde und was ich ihm nicht sagen könnte. Ich erfahre einen »Frieden, der höher ist als menschliche Vernunft« (Philipper 4,7). Ich erfahre eine neue Kraft. Ich bin wie auf dem Gipfel eines Berges, wenn ich bei Gott ausruhe – alles, was mich beschwert und ängstigt, umtreibt und bedroht, liegt unter mir; ich sehe es, aber ich sehe darüber hinaus, sehe die Weite des Himmels, die unendlichen Möglichkeiten Gottes.

Das Gebet hilft mir, meine Gedanken zu ordnen. Es hilft mir, innerlich Abstand von mir zu gewinnen. Ich bin nicht nur ein angefochtener, schwacher und suchender Mensch mit einer schwierigen Vergangenheit, ich bin auch Gegenüber Gottes – ich bin sein Kind, seine Tochter. Ich bin nicht nur Kind meiner Eltern, geprägt und gezeichnet von meinen Erfahrungen und Verletzungen – ich bin auch ein Mensch, der berufen ist zu Entwicklung und Entfaltung, zu Reifung und Wachstum. Nicht *trotz* meiner Verletzungen, sondern *durch diese Verletzungen hindurch* kann ich wachsen; ich weiß, dass sie mich nicht zerstören können.

Das Gebet hilft mir, umzudenken. Ich erlebe, was auch die Psalmbeter erlebten: »Die Mitte der Nacht ist der Anfang des Tages.« Ich muss nicht nur zurückschauen – ich darf auch hoffnungsvoll nach vorne blicken. Mag sein, dass meine Hände leer sind, weil mir alles aus der Hand geschlagen wurde. Aber das bedeutet auch, dass sie mit Neuem gefüllt werden können! –

Und das Gebet zu zweit oder zu mehreren? Ich denke, dass hier noch andere Dimensionen und Kräfte ins Spiel kommen. Fünf leuchtende Kerzen, die zusammenstehen, geben ein anderes Licht als fünf Kerzen, die für sich allein stehen. Ein dreistimmig gesungener Choral klingt anders als ein einstimmig gesungener. Ich kann diese andere Qualität eines gemeinsamen Gebets nicht beweisen, nicht ergründen oder begründen. Ich kann Sie nur einladen, Ihre eigenen Erfahrungen zu machen. Ich kann auch die Wirkung eines solchen Gebets in der Gemeinschaft nicht voraussagen oder nachweisen, sondern muss an dieser Stelle meinen positiven Erfahrungen und den Erfahrungen mancher biblischer und heutiger Zeugen Glauben schenken. Aber dagegen spricht nichts!

Ein Gebet zur Vergebung

Vater, ich will vergeben.
Hilf mir, das nicht zum Schein zu tun.
Nicht so, dass ich großmütig auf Rache verzichte.
Nicht so, dass ich mattherzig vergesse.
Nicht so, dass ich meine Güte damit beweise.
Sondern so, dass ich zum anderen hingehe,
dorthin, wo er steht, jenseits seiner Schuld.

Ich will mein Recht aufgeben
und neu mit ihm anfangen.
Ich will kein Misstrauen bewahren,
sondern alles hinter mir lassen, was mich hemmt,
und nur deine Freundlichkeit mitnehmen.
Ich will den ersten Schritt tun, wehrlos und ohne Vorwurf,
und keine Bitterkeit soll übrig bleiben.

Jörg Zink[43]

[43] Aus: Jörg Zink, Wie wir beten können, © Kreuz Verlag. Stuttgart 2008, S. 247.

Der erste Schritt im Vergebungsprozess: Vom Verleugnen und Verdrängen zum Wahrnehmen und Annehmen des Verletztseins

Ich bin eigentlich ganz anders, aber ich komme so selten dazu.
Ödön von Horvàth

Es gibt viele und gute Gründe, um sich selbst – und erst recht anderen – nicht einzugestehen, dass man tief verletzt wurde. Falls die Verletzungen in der Kindheit bzw. im Elternhaus erfolgten, war es oft eine Frage des seelischen Überlebens für das Kind, seinen tiefen Schmerz zu verdrängen.[44] Es hatte keine andere Möglichkeit, damit fertig zu werden. Verdrängen bedeutet jedoch: Wir sind niemals »fertig«, sondern unser Erleben und Verhalten ist immer insgeheim und unbewusst damit belastet und davon beeinflusst. Auch als Erwachsene haben die betroffenen Menschen Probleme, das Verdrängte ins Bewusstsein zu holen. Gerade bei Kränkungen aus der Kindheit besteht bei vielen Menschen eine starke Verharmlosungstendenz (»So schlimm war's eigentlich nicht«; »Eigentlich hatte ich eine harmonische Kindheit«). Schon das Wort »eigentlich« ist an dieser Stelle oft sehr verräterisch, zeigt es doch, dass manches auch dagegen spricht, sonst wäre dieses Wort ja überflüssig. Doch warum neigen viele Menschen dazu, gerade die prägenden Jahre und Erfahrungen im Elternhaus weichzuzeichnen und durch eine rosarot getönte Brille zu sehen?

Erstens, weil sie Angst vor dem damit wieder aufbrechenden Schmerz haben: Sind sie ihm gewachsen? Oder wirft er sie aus der Bahn? Zweitens, weil sie Angst vor der damit möglicherweise verbundenen, aufbrechenden Wut haben: Wohin führt sie? Was löst sie aus? Was zerstört sie möglicherweise? Eine heile Welt, die im Grunde nur heil war, weil sie *schein*-heil-ig war? Mag sein, aber was kommt stattdessen? Zum dritten fürchten die Erwachsenen, ihr ge-

[44] Vgl. dazu Cornelia Faulde, Wenn frühe Wunden schmerzen. Glaube auf dem Weg zur Traumaheilung, Mainz 2002.

schöntes und damit für sie erträgliches Bild von Kindheit und Eltern könnte zerbrechen, wenn sie all die verdrängten Erfahrungen und Erinnerungen ins Bewusstsein holten. Was bleibt ihnen dann? Wie sollen sie sich in diesen Trümmern zurechtfinden? Wie aus all dem Negativen wieder etwas bauen, das zu Identität und Selbstbewusstsein verhilft? Woher die Kraft nehmen, zu verzeihen?

Alle diese Befürchtungen sind *absolut berechtigt*. Wer tief vergrabenen Schmerz hervorholt, muss durch diesen Schmerz auch hindurch. Wer Wut und Bitterkeit empfindet (»Warum habt ihr mir das angetan? Warum hat mir niemand geholfen?«), muss lernen, mit diesen Gefühlen, die man sich vielleicht nie zugestanden hat, umzugehen. Wer seine Vergangenheit bisher eher verklärt hat, muss Abschied nehmen von einer Wunschvorstellung, ja, muss der möglicherweise viel traurigeren und hässlicheren Realität ins Auge schauen, ohne daran zu verzweifeln. Und muss seine Lebensgeschichte umschreiben – mit etwas weniger rosa Tönung und etwas mehr »gedeckten« Farben.

Wenn das alles so schwer und schmerzhaft ist: Warum sollte man es dann überhaupt anpacken? Warum sollte man nicht »die alten Geschichten« ruhen lassen? Warum sollte man nicht unter die Vergangenheit einen Strich ziehen, wie es Freunde oder auch Angehörige oft empfehlen? Zumal mit Reaktionen zu rechnen ist wie: »Man muss doch auch mal vergessen können!« – »Kind, wir haben es doch nur gut gemeint!« – »Ist das der Dank für alles, was wir für dich getan haben?« – »Reiß doch die alten Wunden nicht auf; das ist doch schon so lang her!«

Man sollte es tun, weil man nie zu sich selbst findet, wenn man nicht bereit ist, die Wahrheit zuzulassen. Weil das eigene Leben zu einer Lebenslüge wird, wenn es in wichtigen Bereichen auf Lügen und Verdrängungen beruht und nicht auf der Wirklichkeit mit all ihren Licht- *und* Schattenseiten. Weil das, was wir nicht zulassen, uns auch nicht loslässt, sondern uns mit eisernem Griff gefangen hält. Und weil wir selbst nur das los- und hinter uns lassen können, was wir zuvor zulassen, annehmen und begreifen.

Es gibt keinen kürzeren, bequemeren und einfacheren Weg, mit unseren Verletzungen, die ja ein Teil von uns sind, ins Reine zu kommen, als sich ihnen zu stellen.

Ähnliches gilt auch für Verletzungen, die uns als Erwachsene zugefügt werden. Auch hier gibt es gute und verständliche Gründe, über diese Kränkungen einfach hinwegzugehen, womöglich so zu tun, als ob sie nicht stattgefunden hätten. Die Vorteile sind:

- ▷ Man muss sich nicht mit den eigenen Gefühlen auseinander setzen.
- ▷ Man muss sich nicht mit der eigenen Verletzlichkeit und Unsicherheit auseinander setzen, die eventuell am Selbstbewusstsein kratzt.
- ▷ Man kann die Illusion der eigenen Überlegenheit und Unverwundbarkeit weiterpflegen (»Mich kann nichts erschüttern«) – ein Ideal vor allem vieler Männer.
- ▷ Man riskiert nicht, für schwach, hilflos, angreifbar oder hypersensibel etc. gehalten zu werden (»Du Weichei!«).
- ▷ Man vermeidet, sich vor dem Verletzer die Blöße zu geben, die eigene Verletztheit einzugestehen und womöglich Spott, Verachtung oder Unverständnis zu ernten.
- ▷ Man will die Beziehung zum Verletzer nicht belasten oder riskieren.
- ▷ Man muss keine Konsequenzen ziehen, vor denen man sich eventuell fürchtet (z. B. Trennung, Kündigung, Konflikte).
- ▷ Man vermeidet anstrengende Gespräche, denen man sich eventuell nicht gewachsen fühlt oder die zu sehr aufwühlen könnten.

Doch auch hier gilt: Was wir nicht anschauen, lassen wir noch lange nicht hinter uns. Im Gegenteil: Es verfolgt uns. Wer den Kopf in den Sand steckt, hat den Sand auch bald in den Augen – die Augen tun weh, die Wahrnehmung ist getrübt. Wir sehen uns und andere nicht mehr klar. Wir sehen überhaupt nicht mehr viel, weil wir zu viel ausblenden müssen.

Es ist deshalb wichtig, sich nach einer Verletzung irgendwann dazu durchzuringen, der Wirklichkeit ins Auge zu sehen: »Die Verletzung hat wehgetan. Sie hat mich schwer erschüttert. Ich bin tief getroffen. Ich bin verunsichert, voller Hass und Wut. Ich weiß nicht, was ich von mir denken soll. Ich wünschte, es hätte mich nicht so verletzt, aber es hat mich verletzt. Ich dachte, ich wäre stärker und unerschütterlicher – ich bin es aber nicht. Ich bin enttäuscht, auch von mir selbst. Ich fühle mich so gedemütigt, so wertlos, so in Frage gestellt. Ich weiß, mein Selbstbewusstsein sollte stabiler sein, ich sollte eigentlich über so etwas stehen, doch es gelingt mir nicht.«

Nur wer so offen zu sich ist, kann den Vergebungsprozess überhaupt ins Visier nehmen. Denn nur wo Verletzungen erkannt und benannt werden, können sie auch richtig behandelt und möglicherweise geheilt werden. Was hingegen ignoriert und totgeschwiegen wird, arbeitet im Untergrund heimlich weiter. Deswegen dürfen wir es nicht auf die lange Bank schieben, uns die eigene Verletztheit einzugestehen. Das ist unerlässlich, wenn die Wunde wieder heilen soll. Eine Erkenntnis der modernen Glücksforschung lautet: »Glück setzt die Bereitschaft zu Anstrengung und Mühe voraus.«[45] Dies gilt auch für Glück, das verloren ging und erst wieder gefunden werden muss.

Noch einmal sei gesagt: Verletzungen einzugestehen fällt vielen Menschen leichter, wenn sie es einer anderen Person mitteilen können. Dabei ist wichtig, dass der Gesprächspartner die Gefühle des anderen ohne Wertung wahrnimmt. Es ist, wie es ist. Diese Gefühle sind ein Teil von uns – ein Teil, den wir ernst nehmen müssen.

Der zweite Schritt im Vergebungsprozess: Von der Wut zum Verstehen

> *Betrachte einmal die Dinge von einer anderen Seite, als du sie bisher sahst, denn das heißt: ein neues Leben zu beginnen.*
>
> *Marc Aurel*

Die eigene Verletztheit zuzulassen hat zur Folge, dass auch alle damit verbundenen Gefühle hochkommen. Dazu gehören fast immer

[45] Zitiert nach Wolfgang Plakos, Das Geheimnis des Flow, Landsberg 2001, S. 18.

Wut, Zorn, Rache- und Vergeltungswünsche, Bitterkeit, Enttäuschung, Scham, eventuell Hass. Man sieht sich als Opfer von Heimtücke oder Willkür, von Bosheit, Feigheit, Ungerechtigkeit, Betrug, Skrupellosigkeit, Egoismus oder Rücksichtslosigkeit, um nur einige der vielen möglichen Motive zu nennen, die als Ursache in Frage kommen. Diese tiefe emotionale Betroffenheit bringt es mit sich, dass zumindest im ersten Schmerz und Schock das gesamte Geschehen sehr vereinfacht wahrgenommen wird: »Der andere ist böse – ich bin gut. Der andere ist schuldig – ich bin unschuldig. Der andere ist Täter – ich bin Opfer.« Diese Schwarzweißmalerei ist im Stadium des akuten Verletztseins verständlich und nahe liegend, denn starke und intensive Gefühle verhindern, dass wir gleichzeitig klar und differenziert denken können. Das ist auch in Ordnung so, denn schließlich sollen uns starke Gefühle ja auch zu schnellem und entschlossenem Handeln bewegen. Wut zum Beispiel soll uns die Kraft geben, uns zu wehren oder uns vom Verletzer zu distanzieren.

Es ist deshalb sehr wichtig, diese Gefühle zuzulassen – sie haben eine wichtige Funktion. Doch es ist ebenso wichtig, in dieser Phase nicht stecken zu bleiben, sondern nach angemessener Zeit über die Gefühlsebene hinauszuwachsen und in das nächste Stadium einzutreten: Wir betrachten das Geschehene mit einigem Abstand kritisch und genau.

Was bedeutet dieses »Abstand gewinnen«? Nachdem sich unsere Gefühle etwas beruhigt haben – auch dadurch, dass wir sie ausdrücken konnten –, kommen einige geistige Herausforderungen auf uns zu. Um ein Bild zu gebrauchen: Es genügt nicht, den Kopf wieder über Wasser zu haben und wieder atmen zu können – jetzt müssen wir auch lernen, uns über Wasser zu halten, um nicht wieder im Meer der Gefühle unterzugehen. Wir müssen schwimmen lernen, und das bedeutet:

▷ Wir akzeptieren zwar unsere Gefühle, aber wir unterscheiden zwischen unseren Gefühlen und uns als Person: »Ich habe Gefühle und darf sie auch haben. Aber ich bin *mehr* als nur meine Gefühle. Ich habe Wissen, Stärken, Erfahrungen, Erinnerungen und eine Menge Fähigkeiten – auch die Fähigkeit, das, was ich erlebe, gründlich zu durchdenken.«

▷ Wir unterscheiden zwischen unserer emotionalen Betroffenheit und unserer vollständigen Persönlichkeit: »Auch wenn ein Teil von mir verwundet wurde, ist doch vieles an mir unversehrt und heil geblieben. Auch wenn das Haus meines Selbstbewusstseins und meiner Selbstachtung schwer erschüttert wurde und Risse bekam – in Schutt und Asche liegt es nicht. Das Gesunde und Starke an mir ist immer noch größer als das Angeknackste und Zerstörte.«

▷ Wir unterscheiden zwischen der Tat des Verletzers und der Art und Weise, wie wir seine Tat wahrnehmen und erklären. Wir machen uns klar, dass unsere Wahrnehmung, unsere Erklärung nur eine von mehreren Deutungsmöglichkeiten ist.

▷ Wir beginnen, das Verhalten des Verletzers sachlicher und gleichzeitig gründlicher zu überdenken: »Warum könnte der andere so gehandelt haben? Was könnte das Ziel seines Verhaltens gewesen sein? Hat er sich dabei etwas gedacht? Und wenn ja: Weiß ich wirklich, was er gedacht – und gefühlt – hat?«

▷ Wir unterscheiden zwischen der Tat des Verletzers und seiner Person: »Auch wenn er vielleicht mir gegenüber böse gehandelt hat, so besteht er dennoch nicht nur aus Bosheit. Auch wenn er mir gegenüber lieblos war, so habe ich nicht das Recht anzunehmen, dass er ›nichts als Lieblosigkeit‹ ist. Ich weiß, dass ein Mensch mehr ist als seine guten oder bösen Taten, auch wenn er vieles von sich durch seine Taten ausdrückt.«

▷ Wir versuchen, zwischen dem Verhalten des Verletzers und seiner gesamten Persönlichkeit eine tiefere Verbindung herzustellen: »Was ist das für ein Mensch? Wie geht er sonst mit Menschen um? Wie ist seine Art, Konflikte zu lösen? Hat er andere auch schon so behandelt wie mich? Ist dieses Verhalten vielleicht sogar in gewisser Weise typisch für ihn?«

▷ Wir machen uns klar, dass wir nur einen Bruchteil des Verletzers wirklich kennen: »Ich weiß nicht, was wirklich in ihm vorging, als er mich verletzte. Ich weiß nicht, ob er sich darüber im Klaren war, was er mir mit seinem Verhalten bzw. seinen Worten angetan hat.«

- ▷ Wir vergegenwärtigen uns, dass der Verletzer auch von uns nur einen Bruchteil weiß: »Er hat ein Bild von mir, das möglicherweise verzerrt ist, unscharf oder schlichtweg falsch. Das könnte erklären, warum er so gehandelt hat. Möglicherweise ist ihm deswegen gar nicht klar, wie tief er mich mit seinem Verhalten verletzt hat.«
- ▷ Wir lassen uns auf den Gedanken ein, dass das Verhalten des Verletzers möglicherweise gar nicht viel mit *unserer Person* zu tun hatte, sondern viel mehr mit ihm selbst: mit seinen Ängsten, Kümmernissen oder Aggressionen, mit unverarbeiteten Problemen oder Kränkungen, die er mit sich herumträgt und von denen wir nichts wissen.
- ▷ Wir machen uns klar, dass alle Menschen im zwischenmenschlichen Umgang Fehler machen und versagen – auch wir. Nicht jeder Mensch ist uns gleichermaßen angenehm. Wir sind nicht immer körperlich, geistig und seelisch in Höchstform. Wir sind nicht immer in der Lage, anderen gerecht zu werden und sie einfühlsam zu behandeln. »Irren ist menschlich« – Fehler machen auch.

Allein schon diese Überlegungen zeigen: Diese Phase wird sehr zeitintensiv sein, und sie beansprucht eine Menge geistiger und seelischer Energie. Es lässt sich zu Beginn dieser Phase keinesfalls absehen, wie lange sie dauert – es können Tage, Wochen, aber auch Monate oder Jahre sein. Niemand kann das im Voraus wissen, niemand kann es vorschreiben oder eingrenzen. Es hängt von vielerlei Faktoren ab. Folgende Bedingungen spielen dabei möglicherweise eine Rolle:

- ▷ die Schwere der Verletzung (je tiefer wir verletzt wurden, desto länger brauchen wir, um das Geschehene zu verarbeiten),
- ▷ die Dauer des verletzenden Verhaltens,
- ▷ der zeitliche Abstand zur Kränkung,
- ▷ der räumliche Abstand zum Verletzer,

- ▷ das bisherige Verhältnis zum Verletzer (je näher uns jemand steht, desto tiefer kann er uns verletzen),
- ▷ die Einflüsse unseres Umfeldes (unterstützt und fördert es uns dabei, die Verletzung zu verarbeiten?),
- ▷ die Möglichkeit der Aussprache mit einer dritten Person,
- ▷ die Kompetenz und das Einfühlungsvermögen dieses Gesprächspartners,
- ▷ unsere eigene Fähigkeit, gründlich und sachlich über Menschen nachzudenken,
- ▷ das Maß unserer Selbsterkenntnis und unserer Fähigkeit zur Selbstkritik.

Der Philosoph Theodor W. Adorno sagte einmal: »Wer denkt, bezähmt die Wut.« Damit ist meines Erachtens gemeint: Die Wut weicht mehr und mehr dem Verstehen – und möglicherweise der Trauer. Das Selbstmitleid wandelt sich zu Einfühlung in den Verletzer. Die Betroffenheit macht der Einsicht Platz. Das Aufgewühltsein geht in eine Form der reifen Gelassenheit über, die nichts mit Gleichgültigkeit zu tun hat.

Immer noch der zweite Schritt:
Abschied von der Opferrolle

Es gibt zweifellos Verletzungen und Kränkungen, für die der »Täter« die alleinige Verantwortung trägt. Wenn beispielsweise ein Autofahrer die Kontrolle über sein Fahrzeug verliert und in einen Fußgänger hineinrast. Wenn ein Gefangener von einem Aufseher misshandelt wird. Wenn ein Chef einen Untergebenen unwürdig anbrüllt. In all diesen Fällen liegt die Ursache entweder in einer einseitigen Machtverteilung, die einen der Beteiligten sozusagen hilf- und wehrlos macht, oder in einem absolut unvorhersehbaren Ereignis, das den Betroffenen vollkommen schutz- und wehrlos dem Geschehen ausgeliefert hat. Das gilt auch für Kinder. In diesen extremen Fällen, die häufig mit körperlicher Gewalt, Schädigung oder

Misshandlung verbunden sind, ist das Unrecht eindeutig auf einer Seite. Doch von diesen Delikten abgesehen, spielen sich die meisten Verletzungen im normalen zwischenmenschlichen Alltag ab.

Die vorangegangenen Überlegungen können aus der Wut in einem langen und langsamen Reifungsprozess so etwas wie tieferes Verständnis oder Akzeptanz (wenn Verständnis nicht gelingt) werden lassen. Das ist nicht mit Entschuldigung gleichzusetzen. Deshalb folgt fast zwangsläufig als nächster Schritt, dass der Verletzte sich intensiv auch mit seinem möglichen Eigenanteil am Verletzungsgeschehen auseinander setzt. Es geht in dieser Phase darum, vom vereinfachenden Täter-Opfer-Denken wegzukommen und sich selbst kritischer und realistischer zu sehen.

Die Glücksforschung fragt unter anderem, welche Persönlichkeitseigenschaften glückliche Menschen auszeichnet. Ein Ergebnis lautet: Glückliche Menschen unterscheiden sich von unglücklichen oder weniger glücklichen unter anderem darin, dass sie *sich selbst* als »Urheber« ihres Glücks und Unglücks betrachten. Sie sind davon überzeugt, dass sie die Kontrolle über ihr Leben haben und auch wieder zurückgewinnen können, falls ihnen diese Kontrolle entgleiten sollte. Sie sehen sich nicht als Opfer, sondern als Täter. Ein glücklicher Mensch beherzigt das Sprichwort: »Jeder ist seines Glückes Schmied.« Mit anderen Worten: »Nicht die anderen sind für mein Unglück oder Glück verantwortlich, sondern ich bin es, ich höchstpersönlich!« Damit stellen glückliche Menschen einerseits hohe Ansprüche an sich selbst, andererseits gibt ihnen diese Überzeugung die Fähigkeit, Krisen und Belastungen aller Art in Herausforderungen zu verwandeln, an deren Bewältigung sie nur wachsen können.

Wer für das, was ihm geschehen ist und geschieht, mit Verantwortung übernimmt, stellt unter anderem folgende Überlegungen an:

▷ Wenn mich jemand verletzen konnte, dann bedeutet das: Ich habe es *zugelassen*, dass er mich verletzt hat. Warum habe ich es nicht verhindert? Warum habe ich mich nicht rechtzeitig abgegrenzt oder gewehrt?

▷ Ob jemand mich verletzen kann oder nicht, bestimme ich mit: Ich allein entscheide, wie ernst ich eine Person nehme und wie viel Macht ich ihr über meine Person und mein Selbstwertgefühl einräume.
▷ Wenn ich jemanden so ernst und wichtig nehme, dass er mich nachhaltig treffen kann mit seinen Worten oder Taten, dann ist das letzten Endes meine Entscheidung. Niemand zwingt mich dazu.
▷ Möglicherweise beruht die Verletzung auf einem Missverständnis zwischen mir und dem Verletzer. Dafür trage ich Mitverantwortung.
▷ Möglicherweise hat der Verletzer ein unzutreffendes oder falsches Bild von mir. Eventuell bin ich daran nicht unschuldig.
▷ Möglicherweise re-agiert der Verletzer auf mich und ein Verhalten, eine Äußerung von mir. Vielleicht habe ich den Verletzer gekränkt oder irritiert, ohne es zu wollen oder zu bemerken. Ich kann nicht ausschließen, dass ich etwas gesagt oder getan habe, das ihn verletzt oder verunsichert hat, ohne dass ich das wollte.
▷ Wenn zwischen mir und dem Verletzer schon vorher ein gestörtes Verhältnis war, dann bin ich mit dafür verantwortlich, dass es so weit kam und ich nicht rechtzeitig etwas unternommen habe, um die Beziehung zu klären.
▷ Wenn die Verletzung darin besteht, dass mein Gegenüber mein Vertrauen oder meine Abhängigkeit von ihm ausgenutzt hat, dann muss ich mich fragen, *warum* ich ihm vertraut bzw. *warum* ich mich in eine solche Abhängigkeit begeben habe. Es war *meine* Entscheidung.

Es ist wichtig, sich klar zu machen, dass diese Überlegungen nicht darauf abzielen, sich selbst anzuklagen. Es geht lediglich darum, eine objektivere und damit auch umfassendere Sicht des Verletzungsgeschehens sowie des Verletzers zu erarbeiten. Sie hat zur Folge, dass Schuld und Unschuld etwas ausgewogener verteilt werden. Je klarer und realistischer man seine eigenen Anteile am Geschehenen erkennt, desto eher kann man auch den Gedanken der

Vergebung ins Auge fassen. Um es mit den Worten Jesu zu sagen: Man merkt, dass man nicht »ohne Sünde ist und den ersten Stein werfen kann«[46].

Allerdings kann das Nachdenken über diese eigenen Anteile auch sehr schmerzlich sein. Man hadert mit sich selbst, ist enttäuscht über sich, schämt sich seiner selbst: »Warum war ich so schwach, so dumm, so wehrlos?«

Ein Beispiel aus meiner eigenen Biographie: Jemand hatte die Beziehung zu mir auf eine für mich tief verletzende, sehr abrupte Weise beendet. Ich war gedemütigt, enttäuscht, fühlte mich ausgenutzt und hintergangen. Ich konnte – oder wollte? – lange nicht verzeihen, wusste aber: Irgendwann ist es dran. Eines Tages erhielt ich die Anfrage, in gerade jener Stadt einen Vortrag zu halten, in der diese Person wohnte. Thema: »Die Kunst des Verzeihens«. Mir war klar: Jetzt musst du dich auf den Weg zur Vergebung machen, sonst bist du eine Heuchlerin.

Beim Nachdenken über mich selbst und meine Rolle wurde mir plötzlich bewusst: Ein großer Teil meiner Wut war Wut auf mich selbst – darauf, dass ich »so blöd« gewesen war, diesem Menschen so lange zu vertrauen. Darauf, dass ich mir so viele Enttäuschungen von ihm hatte gefallen lassen, ohne Konsequenzen zu ziehen. Ich merkte, dass mein Groll mich daran gehindert hatte, meine eigenen Anteile am Geschehen wahrzunehmen. Als ich diese Wut auf mich selbst mitsamt der damit verbundenen Scham und Trauer endlich erkannte und zuließ, fiel es mir plötzlich leicht, der Person zu verzeihen. Es war gar nicht mehr so viel, was ich ihr vergeben musste!

Wer erkennt, dass er für das Geschehene *mitverantwortlich* ist, muss nicht mehr auf ein Schuldbekenntnis des Verletzers warten. Wer anklagt, will ja ein Geständnis des Angeklagten: »Ja, du hast Recht. Ja, ich habe dir Unrecht getan. Ja, es war unverzeihlich, wie ich gehandelt habe.« Dann, ja dann könnte man ihm verzeihen – so glauben viele, die gekränkt wurden. Und im Warten auf das Schuldgeständnis steigt die Wut und Frustration – weil es nicht erfolgt.

[46] Zitiert nach Johannes 8,7.

Jesus hat uns angewiesen, unserem Verletzer *unabhängig* von seinem Schuldeingeständnis zu vergeben: *»Und wenn ihr steht und betet, so vergebt, wenn ihr etwas gegen jemand habt, damit auch euer Vater in den Himmeln euch eure Verfehlungen vergebe«* (Markus 11,25). Ob der andere etwas zugibt oder nicht, ob er seine Verfehlung bereut oder nicht, spielt für Jesus offenbar keine Rolle. Warum sollen wir darauf nicht bestehen?

Mögliche Gründe für den Verzicht auf ein Schuldeingeständnis sind:

- ▷ Wer offen auf ein Schuldeingeständnis des Verletzers besteht, bewirkt in der Regel gerade das Gegenteil: Der Verletzer leugnet seine Schuld. Der Graben wird noch größer, der Streit heftiger.
- ▷ Wer stillschweigend auf ein Schuldeingeständnis des Verletzers wartet, macht seinen eigenen inneren Frieden abhängig von dem Verhalten und der Einsicht des anderen. Außerdem macht sich der Verletzte möglicherweise nicht klar, dass Vergebung nicht mit (womöglich juristischer) Gerechtigkeit und »Rechtbekommen« gekoppelt sein muss.
- ▷ Wer auf diese Weise abhängig bleibt vom Verletzer, gibt ihm auch weiterhin eine große Macht über die eigene Lebensqualität. Das kann nicht im Interesse des Verletzten sein – sein Ziel muss die wachsende innere Freiheit und Unabhängigkeit vom Verletzer sein, denn nur diese macht ihn in Zukunft unverwundbarer.
- ▷ Wer auf ein Schuldeingeständnis wartet, erwartet möglicherweise etwas, was den Verletzer von seiner Persönlichkeit und Reife her überfordert. Denn es setzt eine Menge Mut, Einsicht, Demut und Selbstkritik voraus, sich begangenes Unrecht einzugestehen und es auch noch demjenigen zu bekennen, den man verletzt hat. Warum sollte ausgerechnet unser Verletzer zu den wenigen gehören, die diese Reife besitzen?
- ▷ Ziel des Verarbeitungsprozesses ist, innerlich Abstand zu gewinnen von der Verletzung und ihrem Verursacher. Solange wir auf seine Reaktion jedoch angewiesen sind, bleiben wir an ihn gebunden. Das blockiert unseren eigenen Reifungs- und Befreiungsprozess.

Wenn uns klar wird, dass wir das Ziel der Vergebung in erster Linie um unserer selbst willen anstreben, dann wird auch klar: Mit dem Verzicht auf ein Schuldeingeständnis tun wir nicht dem Verletzer einen Gefallen, sondern uns selbst.

Doch müssen an dieser Stelle zwei wichtige Einschränkungen gemacht werden, damit keine Missverständnisse entstehen:

Ein Verzicht auf Reue und Schuldbekenntnis bedeutet keinesfalls, dass ich auch darauf verzichte, dem Verletzer klar und unmissverständlich mitzuteilen, dass und womit er mich verletzt hat.

Es ist allerdings eine andere Frage, wann diese Mitteilung einen Sinn hat und wann nicht. Sie hat immer dann einen Sinn, wenn ich mit dem Verletzer in einer Beziehung stehe, die immer wiederkehrende Begegnungen mit sich bringt (z.B. bei Familienangehörigen, Freunden, Kollegen). In diesem Fall kann es durchaus notwendig sein, mit ihm über die Verletzung zu sprechen. Denn wie soll der andere wissen, dass er mich verletzt hat, wenn ich es ihm nicht sage? Da wir für die Qualität unserer Beziehungen genauso verantwortlich sind wie die Gegenseite, können wir uns nicht einfach schweigend zurückziehen oder darüber hinweggehen, wenn der andere uns immer wieder kränkt – es sei denn, wir kommen zu der Erkenntnis, dass es vor allem unser eigenes Problem ist und nicht das des anderen.

Allerdings kommt es sehr darauf an, auf welche Weise und in welchem Ton *wir unsere Verletztheit mitteilen:*

▷ Je vorwurfsvoller und anklagender wir unser Verletztsein formulieren, desto eher ist mit Trotz und Widerstand bei der Gegenseite zu rechnen. Stattdessen sollten wir versuchen, in Form einer »Ich-Botschaft« mitzuteilen, was uns betroffen macht.[47]

[47] Formulierungen wie: »Es hat mich verletzt, dass ...« – »Es tut mir weh, wenn ...« – »Es machte mich sehr betroffen, als du ...« sind leichter zu verkraften als frontale »Du-Botschaften«: »Du denkst doch immer nur an dich!« – »Du bist so ungerecht und anmaßend!« – »Deine Rücksichtslosigkeit ist nicht zu fassen!«

- ▷ Wir sollten deutlich machen, dass es uns um die Beziehung geht und nicht darum, dass unser Gegenüber *sofort und auf der Stelle* ein Schuldbekenntnis abgibt.
- ▷ Wir sollten dem Verletzer signalisieren, dass uns die *Beweggründe* für sein Verhalten interessieren. Möglicherweise klärt sich dann manches, und die Wunde schließt sich schneller.
- ▷ Wir sollten uns klar machen, dass fast alle Menschen auf Angriff und Kritik zunächst spontan mit Verteidigung oder Gegenangriff reagieren. Wir sollten uns nicht davon beirren und in einen sinnlosen Streit hineinziehen lassen. Wenn das gelingt, können wir getrost damit rechnen, dass der Verletzer sich später »im stillen Kämmerchen« sicher seine Gedanken macht und möglicherweise auch zur Einsicht kommt, falsch gehandelt zu haben. Doch im Augenblick der Konfrontation ist das zu viel verlangt.
- ▷ Wir sollten akzeptieren, wenn der Verletzer uns in der Folgezeit nur durch sein *Verhalten* zeigt, dass er unser Problem ernst genommen hat und uns nicht aufs Neue verletzen möchte. Ein ausdrückliches Eingeständnis ist für viele eine Überforderung. Doch entscheidend ist ihr Verhalten, nicht ihre Worte.

Wenn die Person, die uns gekränkt hat, jedoch deutlich macht, dass unsere Betroffenheit sie nicht interessiert (»Wenn dich das verletzt, ist das dein Problem!« – »Ob dir das etwas ausmacht, interessiert mich nicht!« – »Wenn du deshalb betroffen bist, dann arbeite mal an deiner Empfindlichkeit!«), dann haben wir das Recht, im Interesse des Selbstschutzes auf Abstand zu ihr zu gehen. Wer unsere Person mit solchen Worten missachtet und jede Verantwortung für das, was er in uns ausgelöst hat, ablehnt, wird auch in Zukunft auf unsere Würde und unsere Persönlichkeit keine Rücksicht nehmen.

Immer noch der zweite Schritt: Vom Wunsch nach Vergeltung zum Wunsch nach Frieden

Das spontane und elementare Gefühl der Wut, das eine Verletzung begleitet, ist fast immer verbunden mit dem Wunsch nach Rache und Vergeltung. Dahinter steckt nicht nur eine Art instinktives Gerechtigkeitsgefühl (»Machst du mich klein, mach ich dich klein – dann ist wieder Gleichstand, und wir sind quitt«), sondern auch die Erwartung, durch solch ein Heimzahlen dem Verletzer eine Lektion zu erteilen, die er nicht vergisst und ihn von weiteren Attacken wirkungsvoll abhält.

Dieser Gedanke ist nicht falsch. Ich erinnere mich an ein Kind, das mich immer wieder genussvoll an meinen langen Haaren zog. Meine wiederholte Bitte, dies bleiben zu lassen, weil es mir wehtut, wurde nicht ernst genommen. Schließlich zog ich das Kind ebenfalls an den Haaren – mit durchschlagendem Erfolg. Es sah mich erschrocken an – und ließ von da an meine Haare in Ruhe.

Der durch Vergeltung erzielte Abschreckungseffekt funktioniert aber nicht nur bei Kindern und bei Tieren, sondern auch bei Erwachsenen oft erstaunlich gut; man beachte nur die Wirkung einer Radarfalle auf die Autofahrer. Sobald der Mensch weiß, dass er für etwas möglicherweise bestraft wird bzw. büßen muss, fängt er an, abzuwägen: »Ist mir das die Sache wert? Gehe ich das Risiko ein, erwischt zu werden?« Das gilt auch für das Verhalten zwischen Erwachsenen. Doch man muss differenzieren: Wir alle haben das Recht, ja, in unserem eigenen Interesse sogar die Pflicht, uns gegen jede Form der Missachtung energisch zur Wehr zu setzen. Wenn uns etwas nicht gut tut, sollten wir keine gute Miene dazu machen. Wenn uns etwas ganz und gar nicht gefällt, besteht kein Grund, es uns wiederholt gefallen zu lassen. Die Kunst der rechtzeitigen und klaren Grenzziehung ist eine der Hauptvoraussetzungen, um Verletzungen zu vermeiden.

Doch die vielfältigen Formen der Abgrenzung sind nicht mit Vergeltung zu verwechseln, bei der es eindeutig darum geht, dem anderen wehzutun bzw. ihn zu bestrafen. Solche Wunschphantasien haben, je länger sie gepflegt werden, umso nachhaltigere negative Auswirkungen:

- ▷ Solange wir von Vergeltung träumen, bleiben wir in unserer Opferrolle stecken und entwickeln uns nicht weiter.
- ▷ Wir arbeiten nicht daran, dass sich unsere Anspannung löst und

wir innerlich wieder ein gelasseneres Verhältnis zum Verletzer bekommen. Rachewünsche halten die seelische Anspannung aufrecht.

- ▷ Wir unterliegen dem Irrglauben, dass es uns nach einer Vergeltung besser ginge (»Rache ist süß«). Dies mag ein momentaner Effekt sein (»Dem hab' ich's aber gegeben!«), doch der eigene innere Unfriede wird dadurch nicht verändert.
- ▷ Wir machen uns nicht klar, dass unser Vergeltungswunsch ein festes Band ist, das uns an den Verletzer bindet.
- ▷ Wir vergessen die biblische Aussage, dass es eine Gerechtigkeit gibt, um die wir uns nicht selbst kümmern und für deren Durchsetzung wir nicht kämpfen müssen. Sie steht in Gottes Macht. Es ist ihm anheim gestellt, ob und wann und wie er diese Gerechtigkeit in Kraft treten lässt.[48]

Die Einsicht in diese Zusammenhänge kann uns motivieren, von dem Wunsch nach Rache wegzukommen und zu einer Gelassenheit zu gelangen, die mit Freiheit und Frieden zu tun hat. Dieser *»Friede Gottes, der höher ist als unsere menschliche Vernunft«*, entstammt nicht der Be-friedigung über die angemessene Bestrafung des Verletzers. Dieser Friede hat seinen Ursprung darin, dass man die Ebene der rein menschlichen, spontanen und unreflektierten Reaktionen, Wünsche und Bedürfnisse hinter sich lässt und in eine andere, höhere Ebene vorstößt: die Ebene unserer Gotteskindschaft, man könnte auch sagen: unserer Gottebenbildlichkeit.

Als Geschöpf und Gegenüber Gottes kann ich mich trotz meiner Fehler und Dunkelheiten selbst lieben – weil er mich liebt. Fjodor M. Dostojewski hat gesagt: *»Einen Menschen lieben heißt, ihn so sehen, wie Gott ihn gemeint hat.«* Das gilt auch für mich selbst: Ich sehe mich nicht von meinen Mängeln her, die auch zu mir gehören, ich sehe mich auch nicht von den Kratzern, Beulen und Rissen her, die mir das Leben und die Menschen zugefügt haben. Sie gehören

[48] Vgl. beispielsweise Matthäus 5,6: »Selig sind, die da hungert und dürstet nach der Gerechtigkeit, denn sie sollen satt werden.«

zu mir, aber sie machen nicht mein Wesen aus. Sie geben mir mein Profil, aber sie nehmen mir nicht meine Schönheit. Sie können mir meine Würde und meine Bestimmung nicht rauben. Nein, ich sehe mich so, wie mich Gott gemeint hat und wie er mich nach wie vor sieht: als sein geliebtes Geschöpf, befähigt, Gutes zu tun und Frucht zu bringen.

Wenn ich mir klar mache, dass Gottes liebende Augen immer auf mich gerichtet sind, dass dieser Blick sich nicht beirren lässt und sich nicht wandelt, dann ist dies eine seelische Rüstung, die mich wappnet gegen die Pfeile menschlicher Angriffe und Kränkungen. Der »höhere Friede«, von dem die Bibel spricht, beruht nicht auf unserer Unverwundbarkeit. Er beruht auch nicht darauf, dass die Wunden uns nicht schmerzen. Er hat seinen Grund einzig darin, dass ich weiß: »Was immer mir Menschen tun und antun – letzten Endes bin ich in Gottes Hand, und er entscheidet, was mir geschieht. Und aus dieser Hand kann mich keiner reißen.« In dieser Gewissheit können unsere Rachewünsche zur Ruhe kommen.

Auch das gehört zum zweiten Schritt: Vom Zurückschauen und Erstarren zum Nach-vorne-Schauen und Weitergehen

In den ersten Kapiteln der Bibel wird erzählt, dass Lot, der Neffe Abrahams, mitsamt seiner Familie Hals über Kopf aus der Stadt Sodom fliehen musste, da ihr die unmittelbare Zerstörung bevorstand. Der Engel, der die Familie herausführte, erteilte strengsten Befehl, keiner dürfe zurückschauen auf die brennende Stadt. Aber Lots Frau hielt sich nicht daran. Sie sah zurück – und erstarrte zur Salzsäule (1. Mose 19,26). Ich verstehe das tragische Geschick dieser Frau symbolisch: Wer sich von dem, was er hinter sich hat, nicht abwenden kann, der erstarrt. Wer ständig in der Vergangenheit lebt, weil er die Vergangenheit nicht abschließen kann oder will, der erstarrt ebenfalls. Und wer erstarrt, der ist nicht mehr lebendig, nicht mehr beweglich, nicht mehr offen für die Gegenwart, geschweige denn für die Zukunft. Die Bindung an das Vergangene raubt ihm die Freiheit für Kommendes.

Wer nicht vergeben kann oder will, verliert unmerklich an positiver Lebensenergie und Lebendigkeit. Die Unversöhnlichkeit ist wie ein schleichendes Gift, das langsam, aber sicher zu einer geistig-seelischen Lähmung und Starrheit führt, die mit Glück und Lebensqualität unvereinbar sind. Lebendigkeit verträgt sich nicht mit der Fixierung auf Erfahrungen, die wir nicht verarbeitet haben, und auf Menschen, denen wir nicht vergeben wollen. Lebendigkeit ist immer mit Freiheit, mit Unbeschwertheit und Offenheit für Neues verbunden. Wie soll diese Lebendigkeit ohne Vergebung möglich sein?

Der dritte Schritt im Vergebungsprozess: Die Entscheidung

> *Wenn wir die Welt schon nicht zum Paradies machen können, sollten wir sie wenigstens nicht zur Hölle werden lassen.*
>
> *Wolfgang Niedecken*

Ein französisches Sprichwort lautet: »Wer weit springen will, muss gut Anlauf nehmen.« Was ich unter dem ersten und zweiten Schritt ausgeführt habe, ist nichts anderes, als Anlauf zu nehmen. Wer Anlauf nehmen möchte, geht erst einmal weg vom Ziel. Wir gewinnen so den notwendigen Abstand, den wir brauchen. Denn aus dem Abstand erwächst beim Anlauf die Kraft zum Sprung.

Genau so ist es auch mit dem Prozess des Vergebens. Alles, was wir überlegen, prüfen, durchdenken, durchleiden und durcharbeiten, hat den Sinn, dass wir innerlich Abstand bekommen und zu einer neuen Sichtweise der Verletzung und des Verletzers gelangen. Diesen Abstand benutzen wir, um Anlauf zu nehmen. Das Ziel, das wir ansteuern, ist, uns für die Vergebung zu entscheiden. Das ist in der Tat mit einem Sprung vergleichbar, denn diese Entscheidung bedarf unserer gesammelten Energie. Was immer wir gedacht, geredet und verstanden haben – wir müssen uns dennoch irgendwann die Frage stellen: »*Will* ich verzeihen oder *will ich nicht*?« Denn von allein geschieht keine Vergebung. Alle Personen, die ich im Rahmen meiner Doktorarbeit befragte, sagten aus: Wenn man wirklich vergeben möchte, muss man sich dazu entscheiden. Es kommt nicht von allein. »Von allein« wächst vielleicht Gras über den Graben zwischen mir und dem Verletzer. Aber der Graben bleibt. Überspringen kann ich ihn nur, wenn ich mich zur Vergebung entscheide.

Wichtig ist, dass wir diese Entscheidung erst treffen, wenn wir die vorausgehenden Schritte hinter uns gebracht haben. *Wie lange* wir dafür brauchen, kann uns niemand voraussagen und niemand vorschreiben. Wichtig ist nicht unser Tempo, sondern dass wir unser Ziel nicht aus den Augen verlieren. Wichtig ist, dass wir selbst das Gefühl haben: Jetzt ist der Zeitpunkt gekommen. Jetzt bringt es nichts mehr, wenn ich noch länger Anlauf nehme, noch länger grüble und das Geschehene in meinen Gedanken hin und her wälze. Jetzt ist in mir etwas gewachsen, das mir eine ehrliche Entscheidung ermöglicht. An diesem Punkt sollten wir uns von niemandem in unserer Umgebung einschüchtern oder unter Druck setzen lassen – auch nicht von christlichen Argumenten. Eine nur aus christlichem Pflichtgefühl erfolgte Vergebung wäre krampfhaft, heuchlerisch und unecht. Sicher gelingt es uns mit zunehmender »Vergebungspraxis« immer schneller und leichter, Kränkungen zu verzeihen, vor allem wenn sie nicht besonders gravierend sind.

Schön ist auch, wenn Partner nach dem Grundsatz leben, möglichst nicht unversöhnt ins Bett zu gehen.[49] Doch bei tieferen Wunden ist eine solche »Schnellkur« einfach nicht möglich. Heilung braucht nun einmal Zeit – auch bei Christen.

Die Entscheidung zur Vergebung bedeutet: Ich will unter diese Geschichte einen Strich ziehen. Ich will hinfort wieder frei sein, frei

[49] Getreu der Empfehlung in Epheser 4,26: »Lasst die Sonne über eurem Zorn nicht untergehen.«
Bei schweren Kränkungen wird sie jedoch nicht nur einmal untergehen, bevor diese vergeben werden können.

von der Bindung an den Verletzer, aber auch befreit von der Last, welche die Beziehung zum Verletzer beschwert.

»Aber meine Gefühle sind ganz anders!«, mag eine Stimme in uns aufschreien. Das ist durchaus möglich. Gefühle haben ihre eigenen Gesetze, und sie unterwerfen sich nicht ohne weiteres unserem Verstand, wie wir alle wissen. Gefühle können zwar blitzschnell auftauchen, doch haben sie oft eine bemerkenswerte Langlebigkeit und verschwinden nicht auf Befehl.

Mit anderen Worten: Man muss ihnen Zeit lassen. Sie müssen sich an unsere Entscheidung erst gewöhnen. Sie werden anfänglich immer wieder in uns rumoren, wenn wir an den Verletzer und an sein Verhalten denken. Die Wut wird möglicherweise wieder hochkommen, der Hass, der Schmerz. Doch dann können wir mit diesen Gefühlen in ein Zwiegespräch treten, auch wenn das seltsam klingen mag. Wir können zu ihnen sagen: »Es ist in Ordnung, dass ihr immer noch da seid. Ihr habt eure Gründe. Ihr seid noch nicht so weit wie mein Geist. Doch ich habe eine Entscheidung getroffen: Ich habe vergeben. Ich will mich von euch deshalb nicht mehr bestimmen lassen. Aber ich dulde euch, solange ihr noch da seid.« Nach meiner Erfahrung führt dieser gelassene Umgang mit den eigenen Gefühlen dazu, dass sie sich langsam, aber sicher verändern. Eine psychologische Grundregel lautet: »Was man bekämpft, wird stärker.« Aus diesem Grund sollten wir unsere negativen Gefühle zulassen, doch ohne ihnen weiterhin noch viel Bedeutung zu schenken oder sie zu bekämpfen.

Ein Gefühl wird uns allerdings möglicherweise noch lange begleiten: die Trauer. Am Ende unseres langen Verarbeitungsprozesses bleibt oft Trauer: Trauer, dass es so gewesen ist. Trauer, dass wir es nicht mehr rückgängig machen können. Trauer, dass die Beziehung nicht mehr so ist, wie sie einmal war. Trauer über das, was wir verloren haben. Trauer, dass wir nicht mehr diejenigen sind, die wir einst waren. Erst die Furchen und Rillen geben einem Reifen sein Profil – aber auf die Kerben unserer Verletzungen hätten wir gern verzichtet. Doch ist Profil wohl nicht einfacher und schmerzloser zu haben.

Immer noch der dritte Schritt: Sollen wir dem, der uns verletzt hat, mitteilen, dass wir vergeben haben?

- ▷ Es gibt Kränkungen, deren Verursacher niemals davon erfahren, was sie uns angetan haben. Dabei wollen wir es belassen.
- ▷ Es gibt Verletzungen, deren Verursacher genau wissen, dass sie uns gekränkt haben, aber sie sind über alle Berge. Unsere Vergebung erreicht sie nicht. Dennoch ist sie notwendig – für uns selbst.
- ▷ Es gibt Verletzungen, deren Verursacher weiß, dass er uns gekränkt hat, aber er will oder kann nicht darüber reden. Wir sollten das Gespräch dann nicht erzwingen. Aber wir können in jedem Fall dem Verletzer mit unserem Verhalten zeigen, dass wir ihm nichts mehr nachtragen.

Es gibt aber auch Kränkungen, die sich in einer ansonsten guten und engen Beziehung ereignen. Hier ist nach meiner Erfahrung eine Klärung notwendig und ein Gespräch unausweichlich. Allerdings warne ich vor der Formulierung »Ich vergebe dir«. Sie ist nur angebracht, wenn der andere uns um Verzeihung *bittet*. In allen anderen Fällen wirkt sie anmaßend, selbst wenn sie den Tatsachen vollkommen entspricht. Jemandem mit klaren Worten vergeben können wir eigentlich nur, wenn diese Person ihre Schuld offen bekennt.

In allen anderen Fällen (die mit Abstand überwiegen werden) sollte man sich anders mitteilen. Warum? Weil sonst ein Gefälle in die Beziehung kommt: Der Verletzte neigt sich großmütig herunter zum Verletzer und ist so gnädig, ihm zu verzeihen. Das hat etwas sehr Herablassendes an sich und kann leicht zu Trotzreaktionen führen: »Du hast mir nichts zu verzeihen!« – »Spiel dich nicht so auf!« – »Du bist auch nicht perfekt!« Deshalb halte ich andere Formulierungen für geeigneter, beispielsweise: »Es ist okay, ich bin dir nicht mehr böse.« – »Das ist erledigt, ich bin drüber weg.« – »Ich möchte gern wieder gut mit dir sein.« – »Ich will einen Strich unter die Vergangenheit ziehen, bist du damit einverstanden?« – »Können wir neu anfangen miteinander?«

All diese Mitteilungen haben den Vorteil, dass sie auf eine Schuldzuweisung verzichten. Denn wer vergibt, weiß, dass Schuldzuweisungen in jedem Fall problematisch sind.

Immer noch der dritte Schritt: Rituale sind hilfreich

Unser Leben ist durchzogen von Ritualen. Vor allem bei wichtigen Ereignissen wollen wir auf symbolträchtige und feierliche Handlungen nicht verzichten. Sie gehen über das Sagbare hinaus, sie vermitteln ein tiefes emotionales Erlebnis. Sie wirken gemeinschaftsstiftend und heben ein Ereignis aus dem Alltag heraus. Rituale vermitteln Botschaften jenseits der Worte. Sie sind wie Geländer, an denen wir uns durch unbekanntes oder schwieriges Terrain im Leben hindurchtasten, an denen wir uns bei besonderen Krisen und Belastungen festhalten können. Auch Vergebung ist ein wichtiges Ereignis in unserem Leben, erst recht, wenn sie innerhalb einer bestehenden Beziehung geschieht. Vergebung verändert den, der vergibt, und sie verändert seine Beziehung zu dem, der ihn verletzt hat. Möglicherweise verändert sie auch den Verletzer, doch das steht nicht in unserer Macht.

Vergebung innerhalb einer bestehenden Beziehung bedeutet, dass die Beziehung nie mehr so sein wird wie vorher. Aber sie kann klarer, tiefer und fester werden als vorher. Ich halte es für sehr hilfreich, Akte der Vergebung mit einem Ritual zu begleiten und zu besiegeln. Vor allem innerhalb von Familien – zwischen Ehepartnern oder Geschiedenen, zwischen Eltern und Kindern oder zwischen Geschwistern – ist ein solches Ritual möglicherweise ein wichtiger Meilenstein, an den man sich immer wieder erinnern, an dem man sich orientieren und in schwierigen Zeiten festhalten kann.

Resümee

Abschließend möchte ich einige der Menschen zu Wort kommen lassen, die ich in meiner Doktorarbeit befragt habe.[50] Ihre Antworten waren für mich in vieler Hinsicht beeindruckend, weil sie eine intensive Auseinandersetzung mit dem Thema sowie tiefe eigene Erfahrungen widerspiegelten.

Freiheit und Entlastung

- ▷ »Ich halte Vergebungsbereitschaft und Annahme von Vergebung sowohl in der Gottesbeziehung als auch in der zwischenmenschlichen Beziehung für den zentralen Punkt und Ausdruck größter Freiheit und Befreiung.«
- ▷ »Jemandem nicht zu vergeben bedeutet, Kräfte zu binden. Es befreit *mich*, wenn ich vergebe.«
- ▷ »Wenn ich vergeben habe, sind Kopf und Herz wieder frei; positive Seiten können wieder gesehen und genossen werden; ich empfinde eine Stärkung meines inneren Menschen.«
- ▷ »Vergebung bedeutet Entlastung, Unabhängigkeit vom anderen, Freiheit. Ich bin nicht mehr manipulierbar, kann frei entscheiden, wie ich mich gegenüber dem anderen verhalten möchte. Ich habe Frieden in mir, es gräbt nicht ständig der Groll schwarze Löcher in die eigene Seele.«

Bedingungslosigkeit

- ▷ »Ich will meine Vergebung nicht davon abhängig machen, ob der andere sein Vergehen zugibt, denn Nicht-Vergeben belastet mich selbst auch, und Gott vergibt mir auch. Durch meine Vergebung kann der Weg zur Wiederherstellung einer guten Beziehung zum Schuldigen leichter werden.«
- ▷ »Vergebung ist die *grundsätzliche Bereitschaft*, eine Beziehung zu bewahren. Ich empfinde die Vergebung Gottes mir gegenüber

[50] Alle Zitate aus: Beate Weingardt, »... wie auch wir vergeben unseren Schuldigern«, 2. Aufl. Stuttgart 2003.

ebenfalls als eine *grundsätzliche* Zustimmung zu meiner Person.«

▷ »Vergebung darf meines Erachtens nicht an Bedingungen geknüpft sein, ist eine bedingungslos erfahrene Gnade, die ebenso – zumal auch von großem eigenem Nutzen – weitergegeben werden soll.«

Selbstachtung

▷ »Vorteile des Vergebens: Mein Selbstwertgefühl steigt enorm. Ich bin glücklich, es geschafft zu haben. Das Leben wird lebenswerter ...«

▷ »Selbstachtung bedeutet, sich selbst so zu lieben und anzunehmen, wie man ist, das heißt, auch mit den eigenen Fehlern. Wer sich eigenes Fehlverhalten zugestehen kann, wird dies anderen gegenüber auch leichter vergeben können.«

Lebensthema

▷ »Vergebung ist ein zentrales Thema in meinem Leben; meine Lebenszufriedenheit hängt stark davon ab, ob sie geschieht oder nicht. Sie fördert die Fähigkeit zur Selbstreflexion, die mir Motor der Persönlichkeitsentwicklung ist. Was ich oft schade finde, ist, dass Vergebung einen merkwürdigen Beigeschmack in unserer Gesellschaft hat, wenig gepflegt wird und in der Erziehung der Kinder nicht mehr vorgelebt und ›beigebracht‹ wird. Die Ich-Zentrierung hat Vergebung abgewertet als Schwäche, Feigheit etc. Ihre Stärke und ihr Potenzial für die Persönlichkeitsentwicklung gehen dabei leider oft verloren ...«

▷ »Beziehung ist *das* zentrale Element in unserem Leben. Alles andere muss sich dem unterordnen. Vergebungsbereitschaft und die Bereitschaft, Vergebung anzunehmen, d. h. Versöhnung zu leben, ist das grundlegende Element von Beziehung. Grund genug also, sich ein Leben lang damit zu beschäftigen.«

Wenn Sie der Verfasserin schreiben möchten:

Dr. Beate M. Weingardt
Am Keltengrab 20
72072 Tübingen

beate.weingardt@t-online.de

Meine Homepageadresse lautet:
www.beate-weingardt.de

Beate M. Weingardt

Du bist gut genug!

Wie Sie Ihre inneren Antreiber erkennen und gelassener werden können

Wir alle lassen uns bei unserer Lebensgestaltung von Zielen, Werten und Wünschen leiten. Doch diese können uns nicht nur beflügeln, sondern auch einengen, blockieren und belasten. Weingardt zeigt, wie wir diese „inneren Einpeitscher" in die Schranken weisen können.

Paperback, 13,5 x 20,5 cm, 192 S.
ISBN: 978-3-417-24917-0

SCM
R.Brockhaus

Beate M. Weingardt

Ein Mann – kein Wort

Warum Männer nicht gern über Gefühle reden
und warum Frauen sich nicht damit abfinden

Das Buch der Bestsellerautorin zum Thema „Warum Männer nicht gerne über Gefühle reden und Frauen sich nicht damit abfinden sollten". Lernen Sie, das Verhalten Ihres schweigsamen Mannes zu verstehen und schaffen Sie eine liebevolle Offenheit, die Ihre Beziehung stärkt.

Gebunden, 13,5 x 20,5 cm, 176 S.
ISBN: 978-3-417-26262-9

SCM
R.Brockh

Beate M. Weingardt

Was die Seele bewegt, bewegt auch den Körper

Psychosomatische Signale verstehen – bewusster leben

Die Bestsellerautorin beleuchtet die Bedeutung des Glaubens für die körperliche Gesundheit und persönliche Widerstandsfähigkeit. Sie erläutert außerdem die Zusammenhänge zwischen Stress und Erkrankung, um ganz praktisch zu helfen, bewusster und damit auch gesünder zu leben.

Gebunden, 14 x 21,5 cm, 248 S.
ISBN: 978-3-417-26640-5

SCM
R.Brockhaus

Beate M. Weingardt

Faszination Körpersprache

Was wir ohne Worte alles sagen

Beate M. Weingardt zeigt in ihrem fundierten, ebenso informativen wie leicht verständlichen Buch, wo und wie wir alle Körpersprache benutzen, wie wir sie besser verstehen und auch selbst gezielter einsetzen können, damit Kommunikation und Begegnung gelingt.

Gebunden, 13,5 x 20,5 cm, 128 S.
ISBN: 978-3-417-26384-8

SCM
R.Brockh